関ヶ原 島津退き口

義弘と家康—知られざる秘史

桐野作人

ワニブックス
|PLUS|新書

本書は二〇一三年十一月に刊行された『関ヶ原 島津退き口』(学研M文庫)を大幅に加筆修正したものです。

はじめに――『旧記雑録』の世界

もう三十年近い前の夏、私はいわゆる「島津の退き口《のぐち》」のルートを実地に踏破するという貴重な体験をした。

関ヶ原小池村の島津義弘《しまづよしひろ》陣所から大坂城まで三泊四日かけて、一部歩行困難な場所を除き、ひたすら歩いた。義弘の菩提《ぼだい》寺、妙円寺《みょうえんじ》（現・徳重《とくしげ》神社）のある伊集院《いじゅういん》町（現・鹿児島県日置市）で、「関ヶ原戦跡踏破実行委員会」が長年にわたり実施してきたこの踏破行に中高校生がチャレンジするので、同行取材させてもらったのである。

それはまさに聞きしにまさる苛酷な体験だった。歩いた距離が一二〇キロの長きに及ぶのはもちろん、折からの炎暑に体力を消耗したばかりか、途中、東軍ならぬ山ヒルやスズメバチの襲来に遭って、病院に担ぎ込まれるという悲惨な体験もした。

なぜそのような目に遭ってまで実地に体験してみたかったのか。それは自分が薩摩《さつま》産だったことが大きい要素だろう。まだ若かった当時、「島津の退き口」という言葉だけで、うち震えるものがあったのである。

さて、本書のタイトルの一部にもなった「退き口」は退却の際《きわ》という意味だが、「島津の退き口」にはいつ頃からか、格別の意味が込められるようになった。では、いつ、だれがそのように呼ぶようになったのか。私が知りうるかぎり、遅くとも江戸時代中期にはすでに巷間《こうかん》で使われている。筑前《ちくぜん》黒田家の家譜に次のようにある（「長政記」）。

「其《そ》の合戦の形勢《ありさま》すぐれてはげしかりしにや。其の時京童《きょうわらべ》の諺《ことわざ》に、物のはげしき事をば、嶋津の退口のごとしとぞ云《い》いける」

京童たちが「物のはげしき事」のたとえとして、「島津の退き口」という言葉を使っていたのである。京童の皮肉な物言いかもしれないが、義弘主従の大軍を恐れぬ吶喊《とっかん》が社会的に認知されていた、何よりの証である。

「島津の退き口」を語るにあたって、『旧記雑録』という史料を忘れてはならない。これは平安時代後期から明治時代はじめまで、島津家史料を中心に膨大な薩摩藩内関係史料を編年順や家ごとに集成したものである。江戸後期から幕末維新期に薩摩藩の記録奉行をつとめた伊地知《いじち》季安《すえよし》・季通《すえみち》父子の途方もない熱意と使命感によって収集・編纂された一大史料集であり、『鹿児島県史料』（鹿児島県維新史料編さん所編）という形で相次いで刊行されている（前編・後編・拾遺《しゅうい》合わせて現在三十一点）。近年、『島津家文書』は国宝に指定されたが、『旧記雑録』も重要文化財に指定されている。

そのなかで、関ヶ原合戦前後の文禄五年（一五九六）から慶長九年（一六〇四）までを取り扱っているのが『旧記雑録後編三』である。この一〇〇〇頁近い分厚い史料集は関ヶ原合戦、とりわけ「島津の退き口」については宝の山である。

何が宝かというと、退き口の主役である島津義弘の文書がたくさん収録されているからではない。合戦に従軍し、退き口に加わり、幾多の困難を乗り越えて郷里に帰還した者たち（その途上で亡くなった者も一部含む）の書上《かきあげ》や覚書《おぼえがき》が多数収録されているからである。

近代以降の戦争では一般兵士の従軍記は多数残っているが、前近代の合戦において、家老や譜代重臣クラスの武将から、郎党や小者クラスの下級兵卒まで多数の手記が残っているケースはきわめて珍しい。これらの手記は合戦が終わって数年から二、三十年後に書かれたと思われ、それほど時間がたっていない。もちろん、多少の記憶違いや誇張も含まれていないわけではないが、その史料的な価値はいささかも減ずるものではない。

このように多数の従軍記が残されたのには理由がある。ひとつは、義弘に付き従って帰国した者はほとんどなにがしかの加増を受けている。自分の軍功と忠節を誇り、それを家の栄誉として子孫に伝えようという個人的な動機があったと思われる。また義弘の家老で東軍の捕虜となった新納旅庵《にいろりよあん》の記録に代表されるように、みずから関わらざるをえなくなった島津氏と徳川氏の和睦交渉の過程を詳しく書き残すことにより、捕虜として生き残った自分の行為を正当化するとともに、幕藩体制下で島津氏が再出発することを歴史的に位置づけるという政治的動機もあった。

なかでも、いちばん面白いのは下級兵卒たちの手記である。武将の政略や軍略の次元とは異なり、目線が低いからである。たとえば、押川強兵衛《おしかわごうべえ》という猛者《もさ》が手柄を立てて石田三成《いしだみつなり》から大判一枚をもらったのを同輩たちが羨ましげに見ていたとか、戦場で苅田《かった》をして飢えをしのぎ、寒かったのでその稲束を積んで燃やして暖をとったとか、退き口の最中、船歌をみなで唄ったら義弘が腹を立てたとか、細部の面白さや臨場感は群を抜いている。

そうした下級兵卒たちの目線や息づかいは四百年以上たっても色褪《あ》せていない。本書ではそれらを大事にしながら、退き口の実態の一端をできるだけ詳細に描きつつ、島津義弘にとって関ヶ原合戦はどんな意味があったのかをとらえようとしたつもりである。関ヶ原合戦に対して、義弘が受け身だったのか能動的だったのかで、その意味は異なる。また義弘の行動を根底から規定していたものは、豊臣政権の「公儀《こうぎ》」の分裂状況にどのように対応するか、すなわち中央政局との関わりという対外面と、国許《くにもと》の島津家中での義弘の微妙な立場と政治生命の危機という内政面の両面があったのではないかと考えている。

本書はそのような意味で、下級兵卒の低い目線と義弘の政治行動という上下の二重構造的な構成をとった。そのほうが千数百キロの逃避行という前代未聞の出来事をより複眼的に理解できるのではないかと考えたからである。なかでも、第七章では「退き口」を彩った人物を列伝的に紹介した。一次史料だけでなく、近世の二次的な編纂史料も一部用いているが、そのほうがより臨場感を伝えられると思ったからである。

なお、今回の増補改定にあたり、新知見の追加や島津氏と家康の関係について補論を書き加えている。

最後に出典の表記についてお断りしておく。「島津の退き口」の基本史料である『鹿児島県史料　旧記雑録後編』については、頻出するため史料名を省略して、「二―〇〇〇号」とか「三―△△△号」と巻数と史料番号のみ記した。また論文・著書については著者名と刊行年のみを該当部分の末尾に記し、巻末に参考論著として一括して明示している。

本書はこれまで書きためた島津義弘や「退き口」の記事をもとに整理・加筆したものである。とくに執筆を勧めてくれた雑誌「歴史群像」総括編集長（当時）の新井邦弘氏とは二十年来のお付き合いだが、同誌に掲載した拙稿を面映《おもは》ゆいほど高く評価してくれ、執筆にあたって大いに励みになった。また歴群エンタテインメント編集部副編集長（当時）の森田葉子氏には、戦国史の外からの客観的な目で鋭い指摘をしていただいた（役職名は二〇一〇年当時）。お二人には記して謝意を表したい。文庫化においては、学研パブリッシングの教養実用出版事業室の山本尚幸・芦田隆介両氏（当時）に大変お世話になったことも記しておきたい。

再刊にあたり、新旧の関係者のみなさんに改めて御礼を申し上げたい。

二〇二二年九月

著者識

目次

第三章　島津勢は二番備えだった

第六章　亀寿奪還から帰国へ

第七章　退き口を彩る人物列伝

おわりに――退き口の総決算と義弘のその後

補論　家康と島津氏の意外に深い関係

取材写真　著者
写真協力　尚古集成館
鹿児島市立美術館
関ケ原町歴史民俗学習館

第一章——関ヶ原前夜の島津氏

義弘の苦悩

島津氏は天正十五年（一五八七）五月、九州まで出陣してきた豊臣秀吉に降伏し、豊臣大名となった。それまで九州のほぼ全域を勢力圏におさめていたにもかかわらず、薩摩・大隅《おおすみ》両国と日向《ひゅうが》国諸県《もろかた》郡だけに押し込められることになった。

しかも、それまで曲がりなりにも太守《たいしゅ》（薩摩・大隅・日向の三カ国守護の称号）である島津義久《よしひさ》（義弘の兄）の下に一元化されていた領国支配が、薩摩国は義久、大隅国（肝属《きもつき》郡を除く）は義弘、老中筆頭の伊集院幸侃《いじゅういんこうかん》は肝属郡、島津久保《ひさやす》（義弘嫡男）は日向国真幸院《まさきいん》という具合に知行地が分割されることになった（二―三二八〜三四号）。ほかにも、日向国庄内の北郷《ほんごう》時久、大隅国清水《きよみず》の島津以久《もちひさ》、薩摩国出水の島津忠辰《ただとき》など万石以上の一門・国衆が健在だった。ひとつの領国に豊臣政権に承認された大名クラスの上級領主が数人も存在するという多元的な領国支配構造は島津氏全体の意志決定を曖昧《あいまい》かつ複雑にし、豊臣政権への対応をおのずと鈍重にしていく。

それだけでなく、秀吉は島津氏に対する領知朱印状《りょうちしゅいんじょう》と知行方目録《ちぎょうかたもくろく》を太守義久ではなく次弟義弘に与えて、露骨に義久の太守権を制限した。その後、義久はこの仕打ちを忘れることなく、

島津氏略系図

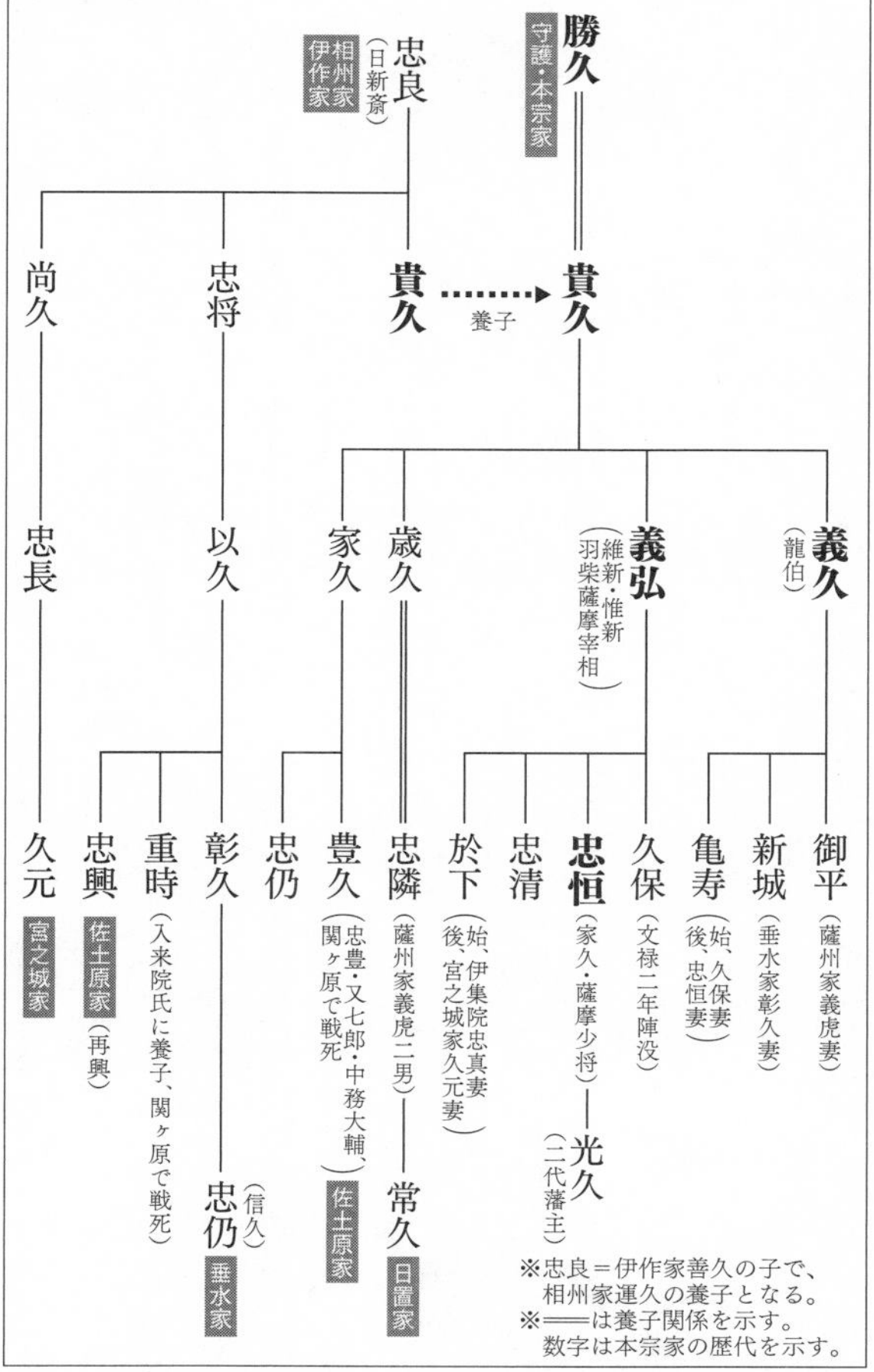

島津家は鎌倉以来の名家だったが、本宗家は室町時代に衰退し、庶家が対立していた。この内訌をおさめたのが相州家の忠良であり、最終的には子の貴久が本宗家の家督を奪取して太守となり、その跡を義久が継ぐ。

豊臣政権に対して距離を置き、太閤検地などに非協力的な姿勢を示す。

豊臣政権による島津領国への干渉・介入が決定的になったのは文禄三年（一五九四）から翌四年にかけた太閤検地である。石田三成を総奉行とする竿入《さおいれ》（検地）により、島津氏領国は表《おもて》高《だか》（天正御前帳の二二万四七〇〇余石）から二・五倍の五六万九五〇〇余石の石高を打ち出した。しかし、領知朱印状と知行方目録は相変わらず義弘に宛てられたばかりか、義久の知行地が今度は薩摩国から大隅国に移されてしまった（二―一五四四〜一五四六号）。さらに秀吉蔵入地や取次《とりつぎ》（大名への指南・指導役）をつとめた石田三成・細川幽斎《ゆうさい》の知行地、合わせて二万石弱も設定された。

また検地によって多くの出目《でめ》（増加分）を打ち出したため、家臣団の知行高は実質的に目減りした。たとえば、一〇〇石取りの家臣の知行地を厳密に検地すれば、二〇〇石以上の知行高が検出されることもある。その場合、表高の一〇〇石のみ与えられて、残りの一〇〇石以上は収公されるという仕組みである。こうした知行高削減を意識させない目くらましとして、家臣団の強制的な所替えが断行された。

太閤検地によって島津本宗家（義久・義弘）の蔵入高《くらいりだか》は大幅に増加したものの、家臣団のほ

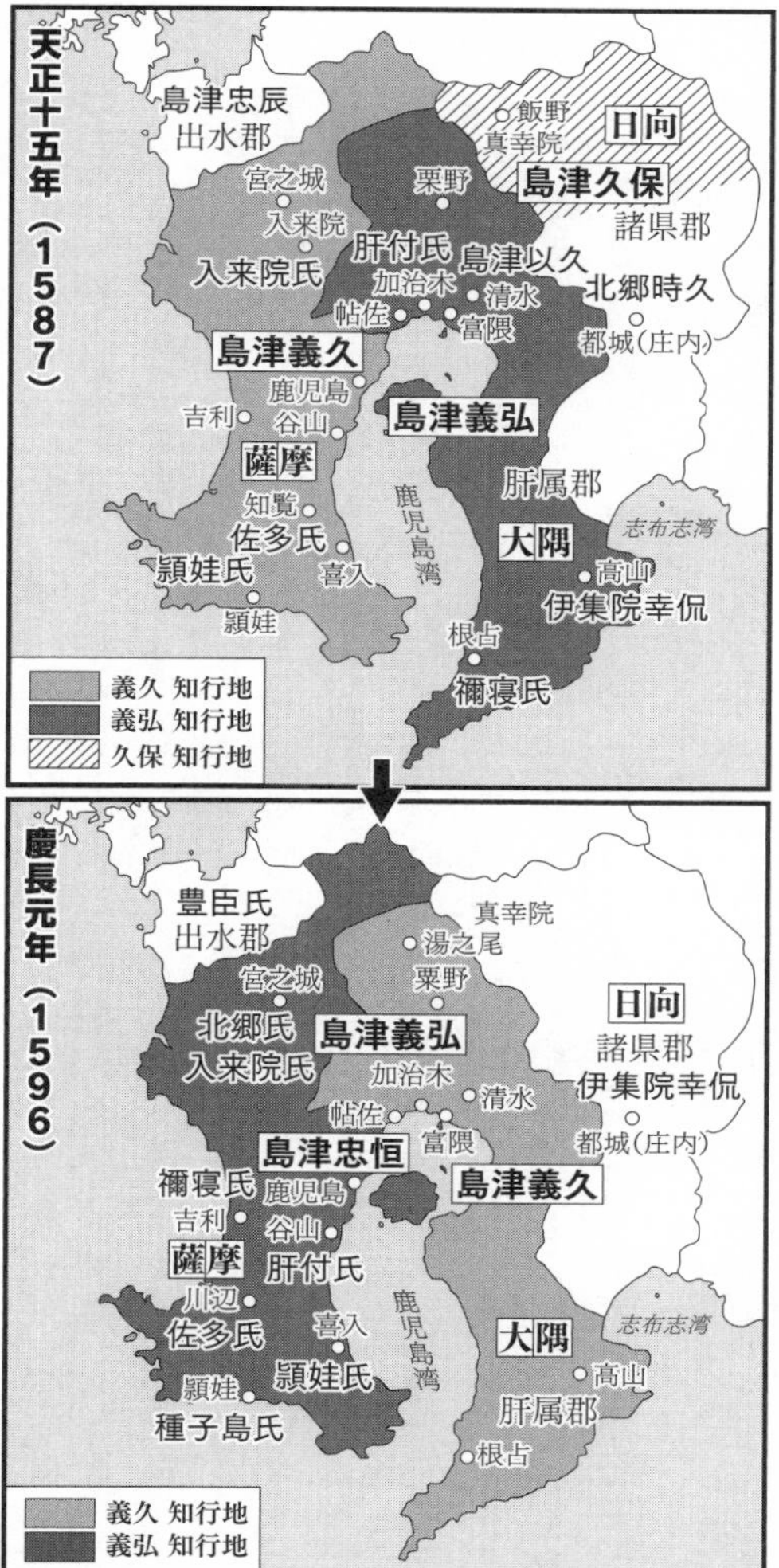

太閤検地前後の義久・義弘の知行地の変化
朝鮮陣で久保は病没。太閤検地によって、島津氏当主の居館が置かれてきた鹿児島をはじめとする薩摩国主要部は義弘に与えられ、義久の知行地は薩摩国から大隅国に移されてしまった。

とんどは割を食い、得をしたのは義弘や検地に立ち会った伊集院幸侃など豊臣政権に親近的な者だけだった。義弘は蔵入地が一万二〇〇〇石から一〇万石に、幸侃も二万一〇〇〇石から八万石へと大幅に知行地が加増された。家臣団の怨嗟《えんさ》の声が、この両人に向かうのは半ば必然だった。

薩摩国の鹿児島には島津氏六代氏久（一三二八～一三八七）以来、三百年近くにわたり、守護居館（東福寺城・清水城・内城《うちじろ》）が置かれてきた。そこから立ち退かされるとあっては、義久が豊臣政権からの不信任だと理解しても無理はない。義久は鹿児島から大隅国富隈《とみのくま》（現・霧島市隼人町）に居館を移して、代わりに義弘に鹿児島に入るよう勧めた。これは義久なりの豊臣政権への異議申し立てであり、同時に優遇される義弘へのあてつけだったのだろう。兄の皮肉な勧めに苦慮した義弘は鹿児島には二男忠恒《ただつね》（のち家久《いえひさ》）を入れて自分は大隅国帖佐《ちょうさ》に留まり、兄への忠節を失っていないことを示そうとしたほどである。

こうして、豊臣政権に対する態度の違いとして、遠心的な義久と求心的な義弘という対立的な構図が家中に形成されることになった。豊臣政権が義弘を島津氏の代表と認定したことは、義弘の主たる政治基盤をより強く豊臣政権に依存させることになり、結果として島津家中での

島津氏知行割の変化

（単位：石）

	天正18年(1590)	文禄4年(1595)6月29日	～慶長4年(1599)正月	慶長4年(1599)正月
義久蔵入	2万7000	10万(無役)	6万5000	6万(無役)
義弘蔵入	1万2000	10万(無役)	6万5000	6万(無役)
忠恒蔵入	―――	―――	6万	10万(7万石無役)
義久・義弘夫人	―――	―――	1万2800	―――
忠恒夫人(亀寿)	―――	―――	1万	1万(無役)
給人本知	14万1225	14万1225	22万8690	22万9390
給人加増	―――	12万5308		
浮地	―――	―――	1万7350	3万850
道具者	―――	―――	5870	5870
帖佐・富隈	―――	―――	1800	1800
寺社領	3000	3000	3000	3000
上方分	1万	1万	1万	3万
伊集院幸侃	2万1000	8万(1万石無役)	8万	7万9300(1万石無役)
島津以久	8300	1万	1万	1万
秀吉蔵入地	0	1万	1万	島津氏に加増(5万石)
石田三成知行	0	6200	6200	
細川幽斎知行	0	3000	3000	
出水・高城領	3万800	3万800	3万800	
島津氏分合計	22万4745	56万9533	56万9510	61万9430
内無役分	1万3000～1万4000	21万	21万	21万

『島津家文書』二『鹿児島史料　旧記雑録後編』巻34による
山本博文『島津義弘の賭け』読売新聞社より

本表は島津氏の知行割を研究した山本博文氏の労作。島津氏が豊臣政権に従って以降、天正御前帳（天正18年）、文禄検地（文禄4年）、忠恒家督（～慶長4年正月）、5万石加増（慶長4年正月）という画期ごとに「三殿」の蔵入地、家臣団・御朱印衆の知行地の変化を詳しく整理している。

義弘の孤立化を招くことになった。この構図は関ヶ原合戦にも尾を引いており、国許《くにもと》からほとんど支援を得られず、義弘の苦境をもたらすことになるのである。

そんななか、義弘は豊臣政権によって引き立てられた恩義もあり、「公儀」への奉公第一と奔走するが、義久をはじめ家中からは理解されず、島津氏の取次の石田三成からは不審を抱かれて叱責されてしまう。天正十七年（一五八九）四月、義弘は信任する家老鎌田政近《かまたまさちか》に愚痴をこぼしている。これまで懇切だった三成の態度が最近急に強硬になり、「島津家の滅亡はほど近い」と脅され、次のように厳しく申し渡されたと述べている（二―五八七号）。

「まず国持の大名は、毛利、徳川、その次には島津である。しかし、（島津家は）関白様《（秀吉）》の御用になることを何ひとつ果たしていない。たとえある国で一揆など蜂起があったとして、（島津家が）先手の人数に召し加えられても、無人数ではつとめることもできない。もしそれが無理ならば、関白様のおそばに、せめて乗馬の四、五人で島津と名乗って参上すればよいのにそれさえしない。あるいは、（関白様の）御前向きの御咄衆《おはなし》への用向きもせず、普請《ふしん》などの御用にも役立たない。こんな国侍はだれであっても、長久に国を保つことができようか」

島津氏が軍役をはじめ諸課役をつとめられないことへの三成の痛烈な批判である。三成はさらに「(島津は) 龍造寺《りゅうぞうじ》・鍋島・立花・伊東といった九州の他の大名にも劣っているではないか。誠に言語道断で、もってのほかである」とまで非難しているほどである。

三成の島津家中への遠慮のない介入・指導、それにおののく義弘、一方でわれ関せずと無関心を決め込む義久。なかでも、義弘が三成と義久の間で板挟みになるという構図は、ほとんどそのまま関ヶ原合戦のそれにつながる。もっとも、関ヶ原合戦では秀吉がすでにこの世の人ではなかった。そのことが三成、義弘、義久の新たな対応を引き起こすことになる。

「日本一の遅陣」

戦国大名の気風が色濃い島津氏が名実ともに豊臣大名となれるかどうかの試金石は、朝鮮出兵で秀吉から命じられた軍役を果たせるかどうかにあった。秀吉は諸大名に「際限なき軍役」(山口啓二・一九七四)を押しつけ、それがついに対外侵略にまで拡大していくのである。

しかし、すでに見たように、島津氏は国内での諸課役もつとめられないことが多いのに、対外侵略戦争の重い軍役に耐えられるはずがなかった。それを象徴していたのが、文禄の役での義弘の出陣である。文禄元年(一五九二)当時、義弘は大隅国栗野《くりの》を居城としていたが、軍勢の督促をしても、なかなか兵や武器などが集まらず、わずか二三騎で栗野を発している（二―八二一号）。

そして実際に義弘が朝鮮半島に渡海する段になると、一気にその限界が露呈した。病中の義久に代わった義弘は渡海のため、肥前国名護屋《ひぜんなごや》に決められた期日までに何とか着到した。しかし、いくら待てども、肝心の軍船が国許から一艘も送られてこないのである。渡海の軍役については、島津家中の意志決定機関である老中衆の談合で定められていたにもかかわらずである。義弘の嘆きが悲痛である（二―八八三号）。

「龍伯様《(義久)》のおんため、御家のおんためと存じ、身命を捨てて名護屋へ予定どおり参ったのに、船が延引したため、日本一の遅陣になってしまい、自他の面目を失ってしまった。（中略）無念千万である」

「日本一の遅陣」は決して大げさではなかった。義弘はしかたなく名護屋から賃船で供廻《ともまわり》わずか五、六人を連れて壱岐《いき》まで渡り、そこからたまたま大隅国加治木《かじき》から替米《かえまい》を運んできた五枚帆の船に乗船して対馬に渡った（二―八八三号）。「浅ましき《(なさけない)》体で涙も止まらない」と義弘が嘆くのも無理はない。九州きっての大大名の渡海はかくも惨《みじ》めなものだった。

文禄・慶長の役での疲弊

その後も島津家中の混乱はつづいた。

文禄元年（一五九二）六月、地頭の梅北国兼《うめきたくにかね》が過重な軍役負担に嫌気がさしたのか、名護屋へ赴く途中、加藤清正の支城佐敷《さしき》城を占領するという反乱を起こす。反乱は数日で鎮圧されたが、この梅北一揆がきっかけとなり、義弘の次弟歳久《としひさ》は家来たちがこの一揆に加担したという嫌疑を受け、秀吉の命で成敗されてしまった。

島津氏や義弘にとって、七年近くにわたった朝鮮陣は惨憺《さんたん》たるものだった。義弘は嫡男久保も病気で失っている。また永年国許を留守にしたために、蔵入地が荒廃していたのも大きな問題だった。義弘が帰国後、二男忠恒に送った書状によれば、二〇万石の蔵入地のうち、七、八万石も荒れているので「さて〳〵笑止の至り」だと憤慨している。これは七～八万石分の知行地からの年貢が収納できない状態になっているということだろう。しかも、「帖佐方蔵入荒地、多きの由に候」とあり、義弘の蔵入地に荒れ地が多かったという（三―一一〇八号）。

義弘の蔵入地が荒れた理由は、朝鮮に出陣していた時期、蔵入地に居住する百姓から夫丸《ぶまる》（陣夫）や水手《かこ》を多数徴発しないように申し付けていたのに、家臣たちがその命令に従わなかったから人手不足となり、耕作が荒れてしまって不届き極まりないと義弘は述べている（右同書）。

関ヶ原合戦において、義弘は太守でなかったので、領国全体に対する軍事動員権を有していなかった。そのため、義久や忠恒の家臣団はむろん、一所衆《いっしょしゅう》と呼ばれる大身《たいしん》の一門衆や国衆からの協力もほとんど得られず、自分の直臣団以外はほとんど動員できなかった。自分の直臣団を動員するにも蔵入地からの収入が財政的な裏付けになるはずだった。しかし、こういう状態だと、それも多くは望めない。この書状は関ヶ原合戦のわずか四カ月前である。実際に関ヶ原の合戦で義弘の軍勢は少なかったわけだが、その背景には、国許の蔵入地の荒廃にもその一因があったのではないだろうか。

忠恒の伊集院幸侃殺害事件

慶長三年（一五九八）八月、太閤秀吉が他界した。これにより、秀吉亡き豊臣政権は朝鮮半島からの撤退を決断した。義弘もようやく長い懊悩《おうのう》と憂鬱《ゆううつ》から解放された。

そればかりか、豊臣政権は義弘の軍功を高く評価した。明《ミン》・朝鮮連合軍一〇万を撃破した泗《サ》川《チョン》の戦い、順天《スンチョン》城に孤立した小西行長らを救出した露梁《ノリヤン》沖海戦が武功抜群と認められ、北薩の出水郡《いずみ》（改易された薩州島津家旧領）と島津氏領国に設定されていた秀吉蔵入地など（石田三成・細川幽斎の知行地も含む）を合わせて五万石を加増されたのである。朝鮮陣で改易や減転封された大名は少なくないが、加増されたのは島津氏などわずかな大名だけである。

この加増の決定には徳川家康の意向が働いたか否か諸説ある。ここはやはり、三成が太閤遺命（秀頼が十五歳になるまで知行の沙汰はしない）を盾に反対したのを、家康が「前代未聞の軍忠」だとして押し切ったという、島津側の「御当家御厚恩記」の記事が興味深い。家康関与説が妥当かもしれない（西本誠司・一九九七）。

翌四年（一五九九）二月、義久が女婿《じょせい》で甥の忠恒に正式に家督を譲った。これに先立ち、文禄三年（一五九四）に忠恒は豊臣政権の命で義久の家督継承者に指名されていた。そのときから、島津本宗家は本来の太守である義久と豊臣政権が公認する義弘が両立する「両殿《りょうとの》」から、忠恒を加えて実質的に「三殿《さんとの》」体制になっていた。同年のものと思われる忠恒の起請文前書《きしょうもんまえがき》が残っているが、それには次のように書かれていた（『島津家文書』二—一一三九号）。

「一、惣御家中《そうごかちゅう》定め　御両殿召し仕らる人数、又我等召し仕るべき衆、当分は相分かつべく候、（後略）」

「御両殿」（義久・義弘）の家臣団と自分の家臣団は当分の間分けると、忠恒は書いている。その後もこの分立状態は解消されずに、ずっと維持され固定化されてしまった。そして太閤検地を経て、義久が大隅国富隈、義弘が同国帖佐、そして忠恒が薩摩国鹿児島をそれぞれ居城としたのである。これに伴い、家臣団も「三殿」ごとに別々に編成されることになった。当然、島津家中の意志決定のあり方が義久に一元化されていた時代よりもずっと複雑になっていたのである。

家督交替の直後、一大異変が勃発した。三月九日、忠恒は伏見屋敷で筆頭老中の伊集院幸侃を手討ちにし、そののち、洛北高雄（神護寺か）に入って蟄居《ちつきょ》したのである。幸侃は「御朱印衆」という特別の地位にあった。これは秀吉が与えた朱印付きの知行方目録に名前と知行地が記載されていたことからそう呼ばれた。豊臣政権から見れば、本来は陪臣《ばいしん》（臣下に仕える家来）だが、秀吉から直接知行を宛行《あてが》われる形をとっていることから、秀吉の直臣に準じる処遇を受けた。したがって、忠恒は秀吉直臣を殺害したに等しいのである。これに三成が激怒したのも当然である。

もともと豊臣政権に対する島津家中のスタンスは複雑かつ分裂的で、義弘―幸侃ラインが三成を通じて中央政権への求心力を高める傾向があるのに対して、義久と家中の多くが旧戦国大名とその家臣団らしく、統一権力に対して距離を置き、独自性や自律性の余地を残そうとしていた。

忠恒は家督継承の道を開いてくれた三成に恩義があり、どちらかといえば前者の立場で実父義弘に従うかにみえたが、舅《しゅうと》義久からの家督譲渡という恩恵にも拘束されていたともいえる。その後、関ヶ原合戦直後まで忠恒は一貫して義久の統制下にある。そして、義久が忠恒を含めて国許の家中を掌握したことが、関ヶ原合戦への参陣が消極的になる要因でもあった。義久の関心は中央政局の動向よりも、豊臣政権によって制約されていた自身の太守権回復に向けられていたのである。幸侃殺害がその好機となった。義久は、この事件への反発から挙兵した伊集院忠真《ただざね》（幸侃嫡男）の反乱（庄内の乱）の鎮圧を主導することによって、家臣団を再掌握することに成功したのである。

ではなぜ、忠恒は豊臣政権＝三成から処罰されるのをわかっていながら、島津家の大黒柱である筆頭老中をこんな荒っぽい形で処断したのだろうか。

ひとつは、忠恒は気に入らない家臣や権勢の強い家臣にはすぐ制裁を加える直情径行型の人間だと指摘されている（山本博文・一九九〇）。

次に「御朱印衆」である幸侃の格別の地位が関わっていたと考えられる。幸侃は三成が主導した島津氏領国への太閤検地に立ち会った関係から、家臣団の知行配当を一手に差配する立場になった。家臣団の知行はむろん、義久・義弘・忠恒の領知分に関しても、幸侃の匙《さじ》加減ひとつになるというほど権勢を誇った。

太閤検地では、家臣団への配当が予定された給人《きゆうにん》加増分一二万五〇〇〇余石が留保されていたが、それを管理するのは太守義久ではなく豊臣政権であり、実務は幸侃に委任されていた。ここに豊臣政権の島津氏内政への浸透と幸侃の権勢が見てとれる。朝鮮に在陣していた忠恒はそのことをあまり理解していなかったらしく、朝鮮で功労のあった自分の家臣たちに給人加増分から取り崩して加増を要求したところ、幸侃から拒絶されるという一幕があった（三―五・二〇号）。

幸侃とすれば、給人加増分を家臣団に配当すれば際限がなくなってしまうから、ほとんどの配当を凍結する方針でいた。だから、たとえ忠恒の要求でも例外を認めたくなかっただけだった。しかし、このことがきっかけとなって、面目を失った忠恒の幸侃への恨みや憎しみが募っていったことは想像に難くない。秀吉の「御朱印衆」とはいえ、忠恒から見たら幸侃は家来にすぎない。給人加増分の配当権を幸侃が握ることは大名権限の侵害であり、家来の分限を越えているという、素朴で杓子定規《しゃくしじょうぎ》な身分意識があったのではないか。幸侃殺害事件の背景にはこうした事情があったのである。

また、幸侃殺害が忠恒の独断なのか、それとも義久や義弘の承認を得たものなのかという疑問も残っている。これについては独断説が有力だが、忠恒自身が事件から三十五年後の寛永十一年（一六三四）に次のような覚書を残している（五―八〇〇号）。

「なかんずく伊集院右衛門大夫入道幸侃威勢を誇り、国を傾けんといたし候を、右三人見及び、龍伯《りょうはく》公・惟新《いしん》公えご内意を得奉り、諸人幸侃え心を合わせ候らわぬ様にと計策を廻《めぐ》らす」

「右三人」とは、家督継承者に指名されたばかりの若い忠恒の付家老となった伊集院抱節《ほうせつ》・鎌田政近《まさちか》・比志島国貞《ひしじまくにさだ》のことである。この三人が幸侃への同調者が増えないよう、義久（龍伯）・義弘（惟新）の内意を得て、いろいろ策略をめぐらしたというのである。何となく義久・義弘の内諾を得たうえで殺害を決行したことを示唆《しさ》しているようにも読めるが、これだけでは義久・義弘が幸侃殺害の密命を下したとは断定できない。それでも、幸侃の勢力拡大に島津本宗家全体が危機感を抱いていたのは確かかもしれない。

庄内の乱と家康の調停

一方、主人を殺された伊集院氏も黙ってはいなかった。幸侃の嫡男忠真は義久の開城命令を拒絶した。伊集院氏は大隅・日向の国境をまたいで八万石の知行高を誇る家中随一の大身である。そして「庄内十二外城《とじょう》」と呼ばれる、都城《みやこのじょう》を中心とした支城群を有して防備を固めたのである。いわゆる庄内の乱の勃発だった。

ともあれ、太閤秀吉健在なら、忠恒はただちに切腹か閉塞を命じられ、島津家の危急存亡に関わる大事件になったに違いない（逆にいえば、秀吉が死んだからこそ、忠恒は決行したというべきか）。当然、五奉行の石田三成も腹を立て、忠恒を長谷寺《はせでら》（大和国初瀬か）への追放処分にしようとした（三―六九六号）。

しかし、徳川家康が横やりを入れてきた。家康は五大老筆頭であり、太閤秀吉と前田利家亡きあと、豊臣政権の執政として専権を振るっていた。家康は三成の意向を覆《くつがえ》し、逆に忠恒の蟄居を解いて伏見屋敷に帰らせた。家康は幸侃殺害の一件を事実上不問にしたばかりか、忠恒に帰国したうえで伊集院忠真の反逆を討つよう命じたのである。このような家康の裁定は、幸侃の御朱印衆という地位よりも、大名の家中に対する検断権（裁判権）を優先することを認めるとともに、ある種の思惑も隠されていた。それは御朱印衆へ成敗命令を出すことで亡き秀吉の権威を傷つけ低下させるとともに、諸大名を自陣営に引きつけて権力を拡大し、豊臣「公儀」を独占しようという狙いである。幸侃殺害事件も家康には島津氏に恩を売りつける好機だったのである。

ところが、忠恒への寛大な処分が家康の意向だったという通説を否定する研究も近年公表された（光成準治・二〇〇九）。それによれば、高雄に謹慎した忠恒に対して、前田玄以《げんい》・増田《ました》長盛《ながもり》・長束正家《なつかまさいえ》の三奉行が談合して、三成と親しい反徳川派の寺沢広高《てらさわひろたか》（当時、正成）・小西行長・立花宗茂《むねしげ》の三人に迎えに行かせていることから、忠恒の謹慎解除は家康の尽力だとする通説は否定されるべきだとした。すなわち、この事件の処理は家康よりも三成など五奉行に主導権があったということだろう。

新しい史料による興味深い新解釈だが、三成がこの一件に激怒したことだけは間違いないし（三―六九四号）、三成と親しい大名たちが忠恒を庇護したからといって、それを三成の主導権とは同一視できない。忠恒を迎えに行った三人のうち行長と宗茂は、忠恒にとっては朝鮮陣での一種の戦友で苦労を共にした仲間だったたし、広高に至っては秀吉死後、急速に家康に接近している。三人ともこの時点では必ずしも三成派とはいえない。それに事件当時、三成はまだ失脚しておらず、前田利家も健在だった。だから、豊臣「公儀」は辛うじて一体性を保持しており、この時点では家康と三成の対立を必要以上に強調する必要はないのではないか。むしろ、三成と三奉行の違いが注目される。

三成はたとえ島津氏といえども、御朱印衆殺害は秀吉に対する反逆同然なので厳重に処罰すべきだという豊臣原理主義の立場に立ち、三奉行は西国の有力大名である忠恒を処罰すれば、その反動が大きいと判断して穏当な裁定を下し、家康も三成の主導権を削ぎつつ、島津氏に恩も売れるなら、三奉行の現実主義的な裁定に与《くみ》して、とくに異を唱えなかったとも考えられるだろう。実際、忠恒は家康に赦免の礼を述べている(三―七一八)。

その後、庄内の乱鎮圧にあたっては、三成が失脚したこともあるが、家康が「公儀」の代表として島津氏の方針に介入したり支援を与えたりしており、その主導権は明らかである。広高も家康の命令によって動いている。このことからも、この事件処理における家康の役割を過小評価することはできない。

さて、謹慎を解除されて帰国した忠恒は同年六月、総力をあげて伊集院忠真を攻め立てたが、庄内十二外城の守りは堅く、意外な苦戦に陥った。ようやく休戦が実現し、忠真主従が開城に応じたのは翌慶長五年（一六〇〇）三月である。じつに九カ月近い泥沼の内戦だった。また開城交渉でも、家康が山口直友《やまぐちなおとも》を派遣して和睦を成立させた。義久―忠恒ラインは自力で伊集院氏を成敗できず、結局、家康の援助を受けることになった。

庄内の乱の終息は関ヶ原合戦における西軍挙兵のわずか四カ月前である。義久―忠恒ラインは幸侃が体現していた島津領国内の豊臣体制（＝太守権の制約）を払拭《ふっしょく》することには成功したものの、今度は家康に数々の恩義を受けたため、敵対しにくい状況にあったことは容易に理解されよう。

島津家の家督問題

ところで、義久は島津家十六代当主で、薩摩・大隅・日向の三カ国守護を兼ねて「太守」と呼ばれていた。しかし、義久は五十歳を過ぎても男子がなかった。そのためか、天正十三年（一五八五）四月頃、いったん次弟の義弘に家督を譲ることを表明した形跡がある。それは義弘を守護代にするというものだった（『上井覚兼日記』四月十九日条）。しかも、守護代就任が上井覚兼はじめ家中では「御家督御相続たるべき由」ととらえられていた（二―四九号）。これについて、義弘は「特別な舎弟」として義久と惣領権を共有したという見方がある（新名一仁・二〇一三）。

同十五年七月、島津氏が秀吉の九州攻めに屈伏したのち、豊臣政権は義弘を引き立てて豊臣大名とした。それは官位にも表れた。義弘は殿上《てんじょう》の資格を有する「公家成《くげなり》」を遂げて羽柴《はしば》名字を与えられ、羽柴薩摩侍従《じじゅう》と呼ばれた。これは伊達政宗や長宗我部元親《ちょうそかべもとちか》などの外様大名と同等であり、堂々たる国持大名としての処遇である。知行関係においても、義弘は義久とともに一〇万石の蔵入地を有して並び立った。

義弘が豊臣大名になったことにより、現在も島津家では義弘を島津家十七代当主と認定している（『島津氏正統系図』など）。しかし、島津家中の身分原理に基づくかぎり、義弘を当主と認定するのは困難である（西本誠司・一九八六）。義弘が一時、惣領権を分有しつつも、本宗家当主でなかったことは、義久が義弘の嫡男久保、次いで二男忠恒を三女亀寿《かめじゅ》の婿に迎えて家督継承者にしたことでも明らかである。

島津義弘画像（尚古集成館蔵）
束帯姿の義弘（1535 ～ 1619）像。義弘は15代貴久の二男。兄義久の代わりに豊臣大名となったが、島津家での地位はNo.2。

島津家久画像（尚古集成館蔵）
家久（1576 ～ 1638）ははじめ忠恒といい、病死した兄久保に代わり家督継承者となる。慶長11年（1606）、家康から一字を与えられ、家久と改名。初代薩摩藩主となり、島津氏の大名権力を確立した。

このように島津家中の身分秩序では、あくまで義久が本宗家の当主だが、豊臣政権との関係（とくに武家官位制）に限れば、義弘が島津氏を代表した豊臣大名だともいえるのである。もっとも、義弘は長幼の序と嫡庶《ちゃくしょ》のけじめを守り、常に兄義久を立てていた。

義久と忠恒の微妙な関係

亀寿は太守義久の三女。義弘には姪にあたる。天正十五年（一五八七）、島津氏が豊臣政権に屈伏して以来、亀寿は人質として上京、以後十三年間ほとんど在京した。同十七年、亀寿は義弘の嫡男久保と縁組した。久保十七歳、亀寿十九歳のときである。これに伴い、久保が義久の家督継承者となった。

久保は義弘自慢の息子だった。天正十八年（一五九〇）、小田原の陣に秀吉の太刀役（小姓）として出陣した。富士川を渡河するとき、久保は瀬踏みの先陣を志願して、見事対岸に渡り切っている。これを見た近習の帖佐彦左衛門は久保を「勇猛の御志厚し」とほめちぎっている（二―六二九号）。また久保と亀寿の夫婦はとても仲睦まじかったといわれる（二―七四四号）。ところが、文禄二年（一五九三）九月、久保は朝鮮在陣中に病没してしまう。享年二十一。義弘の悲嘆のほどが察せられる。

同年九月、秀吉は取次の細川幽斎と石田三成を介して、久保の次弟忠恒に上洛を命じ、家督を継がせることを決めた（二―一一九七・一二〇六号）。秀吉の「上意」とあらば拒絶できない。ここにおいて、忠恒が新たな家督継承者に決定した。付言すれば、これは忠恒が当主になったのではなく、次期当主を約束された世子《せいし》（跡継ぎ）に指名されたことを意味する。

忠恒はすぐさま上京を命じられ、三成に豊臣大名としての心得などを指南されたのち、秀吉への拝謁を許された。それからあわただしく朝鮮に渡海し、父義弘とともに撤退までの五年間、朝鮮半島南部（泗川、加徳島《カドクド》、巨済島《コジェド》の永登浦《ヨンドウンポ》など）に在陣して戦うことになる。

ところで、忠恒は五歳年上で兄久保夫人だった亀寿と縁組した。亀寿は再婚になる。その時期は文禄三年（一五九四）六月頃と思われる（「新納氏一流第四」長住譜『旧記雑録拾遺　諸氏系譜一』）。おそらく久保の喪が明けるのを待ったのだろう。

忠恒が実際に家督を継いだのは慶長四年（一五九九）二月二十日だとされる。忠恒は同日、義久から「御重物《ごじゅうもつ》」すなわち、島津家に伝来する家宝（始祖忠久ゆかりの時雨《しぐれ》軍旗や歴代系図、由緒ある古文書など）を譲渡されたという（三―六六二号）。お家伝来の家宝は当主が所持するしきたりだったからである。忠恒の家督継承と同日に、義弘は自分の蔵入地から、亀寿に化粧料として五〇〇〇石を与えている（三―六六〇号）。しかも、これは無役扱いだったから軍役《ぐん》役《やく》や賦役《ふやく》が課せられない。義弘は亀寿を当主夫人にふさわしく遇しようとしたのだろう。

しかし、それからわずか三カ月後の四月二十八日、義久はなぜか忠恒から「御重物」を取り戻している（松尾千歳・一九八九）。これは忠恒の家督が白紙に戻されたという説もある。その背景について、秀吉につづいて前田利家の病死（閏《うるう》三月三日）により上方の政情が一変し、豊臣政権が混乱、分裂したことがあると指摘されている（米澤英昭・二〇〇一）。あるいは同年三月九日、忠恒が伏見下屋敷で筆頭老中の伊集院幸侃を上意討ちにしていることと関係があるかもしれない。義久が忠恒の所業に不信任の意を示したのではないのか。

義久は忠恒の家督継承に次第に消極的になり、分家の垂水《たるみず》島津家の忠仍《ただなお》（のち信久）に跡を継がせようとしていた形跡もある。忠仍は義久の二女（新城《しんじょう》）と垂水家彰久《てるひさ》の間に生まれており、義久の外孫にあたる。甥の忠恒とくらべて義久の血統を引いている点で優越する。また庄内の乱で忠恒が塩硝《えんしょう》（火薬）を誤って爆発させ、陣屋を焼失してしまうという失態を犯したことから、義久は忠恒の武将としての器量に疑問を抱いていたともいう（右同論文）。

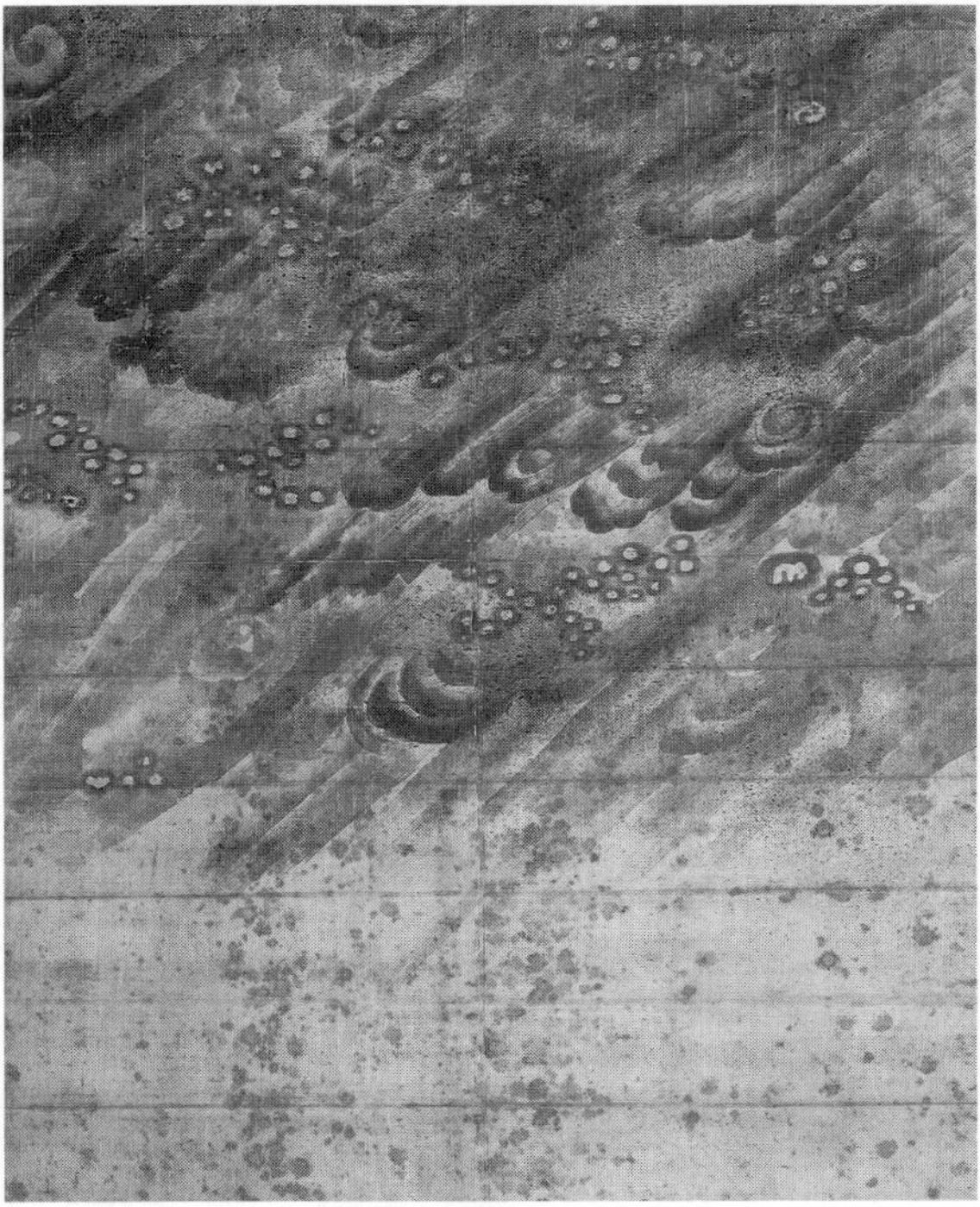

時雨軍旗〔部分〕（尚古集成館蔵）
義弘の父貴久の「時雨軍旗」。初代忠久が雨の日に誕生したという故事にちなんで、雨を吉祥とし、制作したものという。

もっとも、豊臣政権は忠恒を島津氏の家督継承者と認定していた。慶長四年一月九日、秀吉亡きあとの豊臣政権は五大老の連署で朝鮮から帰国した忠恒に対して、少将に昇進させたうえに五万石を加増し、知行方目録（五奉行連署）を与えている（三―六四九号）。島津軍が泗川で明・朝鮮連合軍を大破した軍功を賞されたものだった。

これは義久が忠恒に家督を譲ったときより一カ月近く早い。豊臣政権は島津氏とは別の論理で動いていたことがわかる。この時点で豊臣政権における島津氏の代表はあくまで忠恒だった。しかし、豊臣政権の信任に支えられている忠恒の地位は、政権が衰退したり混乱したりしたら、それに比例して低下するか不安定になる相関関係にある。そして実際にそうなり、義久の巻き返しが実現するのである。

忠恒か忠仍かという家督問題は関ヶ原合戦を挟んで、ずっとくすぶりつづける。合戦から二年後の慶長七年（一六〇二）、義久は鬮《くじ》を引いて、改めて忠恒を家督に決めるといういきさつがあったくらいである（右同論文、「末川家文書　家譜」）。

したがって、関ヶ原前後における島津氏の家督問題はまだ流動的で、忠恒の地位はかなり不安定だったのである。

第二章――義弘はなぜ西軍に加わったのか

西軍挙兵して大坂を制す

関ヶ原合戦の直接のきっかけは上杉《うえすぎ》氏問題である。徳川家康は太閤秀吉亡きあとの「天下殿」(『多聞院日記』五)として豊臣「公儀」を独占しようと図った。それは豊臣政権から自立したり、それを解体することではなく、あくまで豊臣政権内で権力を掌握することを意味した(山本博文・一九九〇)。

家康はそのために同僚の五大老を屈伏させ、あるいは懐柔しようとした。毛利輝元《もうりてるもと》とは兄弟の盟約を結び、前田利長《としなが》(利家嫡男)には家康暗殺の嫌疑を利用して、生母芳春院《ほうしゅんいん》(まつ)を人質にとって屈伏させた。そして上杉景勝《かげかつ》にも帰国したのを見計らい、反逆の嫌疑をかけたのである。

ところが、景勝は利長と異なって剛直だった。有名な「直江《なおえ》状」に示されたとおり、讒言者《ざんげん》の糺明《きゅうめい》をしないかぎり上洛命令には応じないと強気な態度を貫いた。景勝と直江兼続《かねつぐ》の主従は上杉謙信以来の武門の家としての誇りを守ろうしたのである。激怒した家康は諸大名に会津出陣を命じた。

慶長五年(一六〇〇)五月、家康は大坂城で豊臣秀頼と会見し、秀頼から正宗の脇差、名物楢柴肩衝《ならしばのかたつき》、黄金二万両、米二万石を拝領した。これにより、家康の会津出陣が豊臣政権による逆賊追討の戦いと位置づけられたのである（『慶長記』）。

六月六日、家康は大坂城西の丸に諸大名を召集して会津攻めの部署を定めた。白川口、信夫《しのぶ》口、米沢口、津川口、仙道《せんどう》口の五カ所から攻め入ることになった。そして十六日、家康は大坂を発し、翌十七日、伏見城に立ち寄った。千畳敷奥座敷で諸大名を引見したうえで、留守居の鳥居元忠《とりいもとただ》とも会っている。そして万が一のことが出来《しゅったい》したら、本丸天守の金銀を鉄炮の玉に鋳《い》直《なお》すよう指示している（右同書）。そして豊家恩顧の諸大名を先手として、東海道を下った。

家康の狙いは、上杉氏を屈伏させるのはもちろんだが、自分の軍令に諸大名が従うか否かを試すこともあった。太閤秀吉亡きあと、豊臣政権の「公儀」を掌握する者＝「天下殿」として、その武威の証というべき軍事動員権を発動したかったのである。家康の脳裏にあったのは、秀吉の小田原陣だったのではないだろうか。豊家譜代大名と東国大名が前線に出陣し、西国大名が上方留守居と東海道警固という陣触れがよく似ているからである。

一方の石田三成は家康が上方を留守にするのを待っていた。というのも、家康の軍事動員権の行使は一方で政治的リスクを孕《はら》んでいたからである。前田利長や上杉景勝が上方を離れて帰国したとたん、謀叛《むほん》の嫌疑をかけられたように、家康にも同様のリスクがあったのだ。五大老クラスの空間移動はそれだけで政治問題化するほど、当時の政治状況は対立と緊張にあふれていたのである。逆にいえば、豊臣政権の二大首都といってよい大坂と伏見の掌握こそ、豊臣「公儀」を体現する必須条件だったのである。

三成はそのことを熟知していたからこそ、素早く動いた。七月十一日前後、居城の佐和山城で大谷吉継《よしつぐ》や安国寺恵瓊《あんこくじえけい》と謀議の末、毛利輝元を戴いて挙兵し、大坂を制することを打ち合わせた。翌十二日夜から、さっそく大坂や伏見で軍事行動が開始された（『時慶記《じけいき》』二）。そして、その日のうちに三奉行の長束《なつか》正家・増田《ました》長盛・前田玄以《げんい》の連署により、広島に帰国している毛利輝元の上坂《じょうはん》を促す書状が送られた（「松井文庫所蔵古文書調査報告書二―四一五」）。

これを受けて、輝元は即座に決断、十五日に出船して上坂の途につき、十六日には大坂木津の毛利屋敷に入っている（「毛利三代実録」）。十七日夕刻には、さっそく毛利秀元《ひでもと》（輝元養子）が兵を動かし、家康の御座所だった大坂城西の丸に乱入して占拠した（『義演准后日記《ぎえんじゅごうにっき》』）。大坂城から徳川勢力は排除されたのである。

同日、三奉行の連署により、有名な「内府《だいふ》ちがひの条々」（十三カ条）が発せられた。これは家康弾劾状《だんがいじょう》ともいうべきもので、これを大義名分として西軍の結集が実現したのである。

家康か、三成か

西軍が大坂で挙兵した頃、島津義弘は伏見にいた。伏見にも遠からず西軍の諸勢が押し寄せてくるのは必定だった。果たして、義弘はどのような態度をとるのか、当然、迷いや苦悩があったはずである。義弘の動向を、とくに対家康、対三成を中心に少し遡ってみてみよう。

義弘が家康派か三成派かという設問はそもそも無意味である。両者と多少の親疎の差はあれども、義弘としては島津家の上方代表として、あくまで豊臣政権の「公儀」を第一に奉公しようとしていた。もっとも、秀吉死後は「公儀」を体現する者がだれなのかはっきりせず、あるいは「公儀」の有資格者が複数になって流動的になる。そこに義弘の去就が揺れる原因があった。「天下殿」と呼ばれる五大老筆頭の家康の意向か、あるいは幼君秀頼を擁して太閤置目《おきめ》や遺言を遵守する三成をはじめとする奉行衆なのか。大坂か伏見に滞在しているか否かを含めて、局面によっては「公儀」が分裂・対立し、流動化する傾向が強まったのである。

これを諸大名からみれば、一面では混乱、困惑する事態ではあるが、同時に「公儀」の分裂により、それまでいわゆる「惣無事《そうぶじ》」政策で抑圧されていた領土拡張などの自己利益を追求できる余地を生じさせ、それを正当化するのに都合のよい「公儀」を選択できることも意味した。関ヶ原合戦が美濃の盆地だけに限定されず、全国規模で戦われることになったのも、「公儀」の分裂と諸大名の自己利益追求が照応していたところが大きい。

島津氏ではどうなのか。太閤秀吉が他界した直後、慶長四年（一五九九）正月三日付で、義久が在京中、義弘と忠恒父子に宛てて起請文のような覚書を与えている。それは、義久が家康や前田利家と個人的に交流したことを太閤置目に背いてはいないと、二人に釈明したのである。

とくに義久が家康と相互訪問している事実があったので、義弘・忠恒が太閤置目の遵守《じゅんしゅ》に抵触するのではないかと詰問したのだろう。太閤置目とは秀吉が他界した直後の九月三日、五大老五奉行が連署した起請文で、諸大名間で徒党を組まないこと（第三条）、五大老五奉行が諸大名との間に盟約を結ばないこと（第六条）などを誓約していた（『毛利家文書』三―九六三号）。二人がとくに問題にしたのは第六条で、諸大名と盟約や婚姻をして派閥を拡大する家康を三成など奉行衆が警戒しているのに気を遣ったものだと思われる。

これだけみれば、島津家中は義久が家康派、義弘・忠恒が三成派へと分裂したと見えなくもない。また近年はこの一件を重視して、義久（家康）対義弘・忠恒・幸侃（三成）という対立図式が形成されたと評する向きもある（光成準治・二〇〇九）。

しかし、この一件については、義久・義弘・忠恒間の一種の〝やらせ〟であったことが指摘されている（西本誠司・一九九七）。それによれば、義久が家康邸を訪ねた一件を咎《とが》めたのは三成であり、博多で義弘・忠恒を譴責《けんせき》したため、両人はやむなく義久を詰問せざるをえなかったという。この詰問が形だけだったことは、義久が起請文を両人に提出したその日に、家康がほかならぬ義弘・忠恒の私宅を訪問していることからも明らかである。

この一件が〝やらせ〟だったことはほかにも傍証がある。家康が義弘・忠恒に対しても起請文を与えて昵懇《じっこん》にしている事実があるのである（三―七一五号）。

敬白《けいびゃく》起請文前書の事

一、秀頼公に対され、御疎略これあるまじきの由、尤《もっと》もに候事、

一、御父子御両三人に対し、疎略毛頭これあるまじき事、

付《つけたり》、抜手《ぬきて》表裏《ひょうり》これあるまじく候事、

一、佞人《ねいじん》の族《やから》これありて、御間相妨ぐる輩《ともがら》これありと雖《いえど》も、直談申し、互いに相晴らし申すべく候事、

右、偽り申すに於いては、

（神名省略）

慶長四年己亥卯月二日

家康（血判）

島津宰相（義弘）殿

同　少将（忠恒）殿

この家康起請文は義久が義弘・忠恒に宛てた起請文の三カ月後のことである。このなかで、家康は「御父子御両三人」すなわち、義久・義弘・忠恒の三人に対して、疎略や表裏がないことを誓約している。文中に義久を間接的に指す言葉はあるものの、宛所には義久の名前はない（帰国していたためか）。つまり、これは家康が義弘（島津宰相）・忠恒（同少将）に私的に与えた起請文である。

　この時期、家康は島津氏に限らず、毛利輝元や宇喜多秀家とも起請文を交わしている。これが太閤置目第六条に違反することは明らかで、義弘・忠恒は家康と徒党を組んだと非難されてもおかしくない。二人には義久を批判する資格はないのである。

　また義久の起請文騒動の直後、忠恒は三月九日に伏見屋敷で老中筆頭の伊集院幸侃を殺害してしまう。幸侃は三成と連携して太閤検地を実施するなど、島津家中の親豊臣勢力の筆頭であり、同じ立場にある義弘とも懇意で姻戚関係（義弘の娘於下《おした》と幸侃嫡男忠真が縁組）にあった。とすれば、忠恒の暴走は反三成派的な行為ともいえる。また慶長四年頃、義弘か家老の新納旅庵《にいろりよあん》周辺が家康から黄金二〇〇枚（二〇〇〇両）を借りて、借金の利息返済に充てた記録がある（三―七三六号）。これなど、義弘と家康の親近を示しているともいえる。このように、光成説への反証はいくつも挙げられる。

　しかし、このような機械的な分類が無意味であることはいうまでもない。そもそも義久や義弘・忠恒が家康派だとか三成派だとか規定する基準など存在しない。秀吉在世中の三成、秀吉亡きあとの家康、この新旧の実力者に対して、島津家中では多少の個人的な親疎はあっても、ともに豊臣「公儀」を体現する人物として重視し、かつ畏怖《いふ》していたことは三者とも共通していたのではないか。

このとき、義弘の行動を規定したのは二つの要因があったとみるべきだろう。ひとつは対外的な側面で、豊臣「公儀」の実体がだれであるか、だれに従えば島津氏の名分が立ち、家を保持できるかということである。家康は五大老筆頭であり、「天下殿」として豊臣「公儀」を独占している。一方の三成には、家康を排除して秀頼を中心とする豊臣「公儀」を再構築するという名分があった。どちらの「公儀」が主導権をもち支配的となるかは非常に流動的で、ときの政治状況に大きく左右されるのは明らかだった。

もうひとつの要因は島津家中での義弘の微妙で複雑な立場である。義弘は豊臣政権に服属してから、島津氏が豊臣大名として生き残れるよう三成と連携して、戦国大名の分散的、遠心的な体制構造を色濃く残す島津氏の「内部改革」に努めてきた。そのため、現状維持を望む家中の大半から支持されずに孤立を深めていた。

一方、義久はもともと豊臣政権から距離を置き、豊臣政権から既得権を奪われて重い軍役に疲弊した大半の家臣から支持されていた。そして庄内の乱をきっかけにみずからの太守権を回復しようと内向き志向を強めており、家康に親近感を抱きながらも、東西対立から離れて、なるべく中立的な立場をとろうとしていた。

そして忠恒は義久から一度は家督を譲られたものの、家中の実権はなお義久が掌握しており、それに従わざるをえない立場にあった。また上方には忠恒夫人で義久の嫡女というべき亀寿が人質として滞在していた。亀寿は三女だったが、長女と二女がすでに分家に嫁いでいたため、唯一義久の手許に残された娘であり、義久の家督継承者と縁組させられる宿命にあった。

義弘は、①義久をはじめとする家中の意向、②子息忠恒の家督維持、③亀寿の安全保障、というすべての条件を満たすような去就を要求された。そのためには綱渡りのようなバランス感覚と決断力が必要だった。

伏見城留守番の一件

義弘の去就の焦点となったのは、家康から依頼されたという伏見城留守番の一件である。家康が伏見城に入ったのは慶長四年（一五九九）閏三月十三日。前田利家が他界した直後である。もともと伏見城は太閤秀吉の居城で、秀吉もここで亡くなっている。そして死期を悟った秀吉は遺言を作成し、家康が伏見城に入って執政するよう命じ、天守に登る天下人の特権も認められた（『浅野家文書』一〇七号）。家康が「天下殿」と呼ばれたのはこの頃である。伏見城が天下人の居城と認識されていたことを物語る。

しかし、家康は九月になって大坂城西の丸に移った。それに伴い、諸大名も大坂屋敷に移ったため、政治の中心は伏見から大坂に移った。伏見城には家康四男の松平忠吉が入って留守居となり、西国衆に在番が命じられた。

義弘も伏見に残っている。諸大名が大坂に移るなか、伏見に取り残されたことに不満を抱いていたようである。家康が去った伏見はさびれた状態だったらしい。義弘が慶長五年（一六〇〇）四月八日、国許の忠恒に送った書状では「今のままでは伏見は荒野になるかもしれない様子である」と嘆いているほどである（三―一〇八一号）。

この頃、すでに上杉景勝に不穏な動きがあるとして、家康は伊奈昭綱《いなあきつな》を詰問使として会津に派遣していた。義弘も奥州で戦乱が起こるかもしれないと漠然と予感したのか、右書状で、薩摩からも人数（軍勢）を上らせる必要があるかもしれないことを告げ、忠恒にも上洛の用意を指示している。また翌九日、義弘の家老新納旅庵《にいろりょあん》が国許の老中平田増宗《ますむね》と島津忠長《ただたけ》に宛てた書状には、家康が庄内の乱以来、島津家に対して非常に懇切で、「それについて、少将様（忠恒）のご上洛をお急ぎになることが肝要である。その理由は北国へ子細があるからです」と書いている。「北国へ子細」とは上杉氏問題にほかならない。

義弘と旅庵は庄内の乱平定の御礼を家康に述べるため、忠恒の上京を求めていた。家督となった忠恒の上京となれば、それなりの軍容を調《ととの》える必要がある。義弘はその軍勢をもって上杉問題に対処しようと考えていたのではないか。そうだとすれば、義弘は家康に属して出陣するつもりでいたことになる。

家康の詰問使の伊奈昭綱は四月十日に大坂を発し、翌十一日、伏見を通るとき、義弘の所に立ち寄り、義弘と対面し、雑談している（三―一〇八七号）。これを見ても、徳川家と義弘の親密さがうかがえる。

四月二十七日、義弘は庄内の乱平定の御礼言上のために伏見から大坂に下り、家康と対面する。対面した場所はおそらく大坂城西の丸御殿だろう。家康は上杉景勝の上洛が延引しており、その返事次第では家康自身が出馬することになるだろうから、そのときは義弘に伏見城の留守番をしてほしいと申し出た。義弘は家康との会談ののち、国許の兄義久に書状を送って、伏見城留守番のことを知らせている（三―一〇九八号）。

このとき、義弘は家康の申し出に一応は受諾したものの、詳しくは取次の方に返答すると答えたという（山本博文・一九九七）。義弘も家康不在中の伏見城留守番が事と次第によっては重大な大役になるであろうことを自覚していたから、慎重になったのだろう。その後、義弘は周囲の知人たちにこの件を尋ねたところ、みな「公儀のお下知《げち》次第」すなわち命令次第だと答えたという。もっとも、義弘が取次（山口直友か）を通じて、正式に伏見留守番を引き受けると返答したかどうか、はっきりとは確認できない。

この書状にはほかにも注目すべきことが書かれていた。

「伏見城のお留守番に決まりますれば、人数を揃えられないと御家のためにもよろしくありませんし、そのうえ、（島津家に対する）天下の評判もいかがかと存じます。人数の件は必ず上京するようにお命じ下さい。伏見城を請け取ることになれば、諸口《(諸門)》も多くありますので、人数も過分に必要です。（中略）庄内に在陣した諸侍には（再度の出陣は）迷惑かもしれません。しかし、こちらでは一〇〇石に三人役が命じられて奥州《(会津)》に出陣するとのこと。当方はお留守番として一〇〇石に付き一人役を命じられたので、何とか調えられるのではないかと存じます」

これで明らかなことは、第一に家康から伏見城の留守番を命じられたことにより、この時点では、義弘はあくまで家康を「公儀」と仰ぎ、その下知に従おうとしていたことである。もっとも、家康との会見は「御面《おんおもて》を以て拙者へ仰せ付けられ候」とあり、家康は口頭でじかに命じたという。つまり、文書での命令ではなかった。この点は意外と重要かもしれない。

次に、家康の下知である伏見城留守番を勤めるためには、多数の軍勢が必要なので、国許の義久に急ぎ兵を上らせてくれるよう依頼していることである。

第三に、会津出陣における軍役の一端がうかがわれることである。すなわち、会津に出陣する大名は一〇〇石に付き三人役（一万石に付き三〇〇人）、上方の留守を守る大名は同じく一人役（一万石に付き一〇〇人）という基準が設けられたのである。これは秀吉存命中の軍役体系に準じているとみてよい。

豊臣政権ははじめて統一的な軍事力編成を成しえた全国政権だった。諸大名への軍役は太閤検地で定められた知行高に応じて課せられた。ただ、戦場所在地に対する大名の居所の遠近によって、軍役に軽重が生じた。たとえば、小田原陣から奥州仕置では、東国大名の軍役が重くて前線で戦い、西国大名は軽くて上方や東海道の警備といった後方任務を果たした。朝鮮出兵は逆に西国大名の軍役が重く、九州は五人役、中四国は四人役、上方より以東は三人役以下といった具合だった（三鬼清一郎・一九六六）。

義弘書状でもうひとつ注目すべき点は、家康が伏見城の守備をどのように考えていたかである。「伏ミ(見)御城本丸の儀は、御満様御在番なさる」とある。すなわち、主将は「御満様《おまん》」こと、家康五男の武田信吉《のぶよし》である。信吉の幼名は万千代丸だったから、その当て字であろう。信吉は当年十八歳。名門武田氏の名跡を継ぐことを期待され、文禄元年（一五九二）に下総佐倉一〇万石を与えられていた。

当初、伏見の留守番は信吉の兄の松平忠吉（武蔵忍《おし》一〇万石）だった。忠吉から信吉に交代したのはどちらかといえば格下げであり、家康が伏見城の守備をそれほど重視しているとは思えない。家康が伏見城に鳥居元忠・松平家忠・内藤家長《いえなが》ら譜代衆を入れる決断をするのは二カ月後の六月十七日。会津出陣のため、大坂城を発して伏見城に立ち寄ったときである。

義弘は西軍に積極的に参加したのか

さて、家康が会津へ出陣し、大坂が西軍によって制圧された前後、伏見の義弘はどうしていたのか。最近、光成準治氏により新しい仮説が提示された（光成準治・二〇〇九）。

それによれば、義弘は毛利輝元や石田三成から事前に反徳川闘争決起について打ち明けられていた可能性があり、「伏見在番のための国元への軍勢派遣要請は、島津氏を全面的に西軍に参加させるための義弘の方便であったとも考えられる」と述べて、義弘がやむをえず西軍に参加したのではなく、輝元や三成の挙兵に積極的に参加したのであり、同時に島津氏内部の権力闘争にも関係し、義弘が西軍への積極的参加によって領国経営の実権を奪取しようとする一種のクーデターであった可能性があるという。

光成説は一次史料を詳細に検討したうえでの仮説でまことに興味深いが、果たして義弘が西軍に積極的に参加したのかといえば疑問がある。なぜなら、義弘には七月中旬の時点で保有兵力は二〇〇人くらいしかなく（三―一一四九号）、しかも国許から速やかに軍勢が上京してくる見込みはなかった。そのことは文禄の役で義弘に「日本一の遅陣」と嘆かせたことでも明らかだった。家康も三成も島津氏の鈍重さは熟知していたから、義弘が東西両軍の双方から頼りにされていたとは思えず、義弘もわずかな保有兵力ゆえに、刻々と変わる政局に受動的に対応するしかなかったのである。

義弘のこの時期の動向をうかがわせる史料がある。「覚」と題した八カ条の条書で、ほぼ同文のものが二点ある。ともに記主・日付は不明だが、内容から義弘かその側近が書いたと思われる。末尾に「七月十二日の夜半、大坂へ旅庵差し下さるご条書の案文也」とあることから、日付も同日に書かれたと思われる（三―一一三二・三三号）。

七月十二日といえば、三成が大谷吉継や安国寺恵瓊と密談して西軍の結集が表面化した日である。まさにその日に義弘は何を考え、行動しようとしていたのか。

「覚」の第一条には「一、伏見御本丸・西丸の間に御番仕るべきの由、両度《りょうど》に及び申し理《ことわ》り候といえども、ご納得無く候」とある。義弘が伏見城の本丸か西の丸（二の丸）に在番しようと二度にわたって申し出たが、納得してもらえなかったという。

ここで気になるのは、「ご納得無く候」の主語はだれかということ。家康か、伏見城将（鳥居元忠が主将）のどちらかだろうが、通説のように、鳥居元忠たちだろう。家康が会津に出陣してすでに一カ月近くたっているからである。これについては、島津家中の従軍兵士たちの証言もある。たとえば、義弘が城番の鳥居・内藤・落合らに本丸を明け渡すよう申し入れたが、拒絶されたという。さらに義弘方から、二の丸の詰衆を本丸に移さないと、その下（二の丸以下の曲輪《くるわ》）に島津勢が在番することはできないと伝えたので、結局、在番はだめになったという（「神戸久五郎咄覚《はなしおぼえ》」）。島津方はあくまで伏見在番にこだわっていたようである。

なぜ鳥居元忠らが義弘主従を城内に入れなかったのか。それは家康が義弘に伏見城在番を命じたという確証がとれなかったからだろう。家康の親書がなかったためだと思われる。だから、義弘の申し出を疑ったのも無理はない。城内に譜代衆以外の異分子を抱え込むのは籠城戦にとって危険だからである。

義弘が生駒親正《いこまちかまさ》（讃岐高松六万石）と思われる人物に宛てた書状案文《あんもん》がある（三―一一三四号）。

「伏見番衆のことを家康から命じられたので、会津出陣のとき、だれか武将に命じられれば、その配下に入り御番をつとめると申し上げた。ひとつの書き立ての条々で御意を得ようとしているうち、（家康から）お返事がなく、東国へ下向された」

義弘は家康から正式に文書で命令を受領しようとしたが、それを得られないうちに家康が会津に出陣してしまったというのだ。これが義弘の伏見入城ができなかった最大の原因だろう。

「覚」に話を戻そう。主な条項（丸付数字は各条項に付けた通し番号）をあげてみる。

②一、右の如く、御城内へ在番致さず候わば、大坂へ罷り下り、秀頼様御傍《おそば》へ堪忍《かんにん》致すべ

く存じ候事、
③一、秀頼様御為、然るべき儀においては、各御相談次第と安国寺へ申し候事、
④一、安国寺お留まりの事、
⑦一、同名中務太夫（島津豊久）、爰元《ここもと》へ召し留め候事、
⑧一、御奉行衆の内一人、伏見へ御在番候事、

②は第一条を受けて、伏見城の在番をしないのなら、大坂に下って秀頼様のそばで堪《た》え忍ぶというもので、「堪忍」という言葉が注目される。これは伏見城在番が不可能となった以上、次善の策として致し方なく大坂に行くしかないというニュアンスである。義弘はまだ東西の決裂という事態を想定していなかった（知らなかった）ことがわかる。③は伏見入城か大坂下向か、「秀頼様御為」にはどれがいちばんふさわしいか相談したいと、安国寺恵瓊に伝えたということである。④にあるように、恵瓊は伏見にいたようである。

また、⑦によれば、義弘は甥の豊久を伏見に留め置き、不足する自軍を補強している。豊久は分家ながら独立性を有する大名だが、義弘との親密な関係から、従ったのだろう。

最後の⑧にあるように、義弘は伏見城に奉行衆のうちだれかが入って留守を預るべきだと考えている。義弘は家康不在の間、奉行衆が伏見城を管理すればよいと考えていたわけで、東西手切れという緊迫した情勢を想定していない。つまり、すでに西軍の挙兵が大坂で表面化していたにもかかわらず、それを予想していないわけで、三成らの事前謀議に加わっていないのはおろか、その情報さえも知らされていないことがわかる。義弘は西軍の挙兵からはまったく蚊《か》帳《や》の外に置かれている。義弘が西軍に積極的に参加したとはとても思えないのである。

この「覚」は末尾にあるように、義弘が大坂へ下る新納旅庵に与えた案文である。新納旅庵の婿養子である新納忠雄《ただお》が所蔵していたところをみると、義弘が島津氏の立場表明と情報収集のために旅庵を大坂に派遣するにあたって作成した内部の覚書であり、だれかに差し出す性格の文書ではなかったことをうかがわせる。

光成説が義弘が積極的に西軍に参加したとする論拠のひとつは、会津の上杉景勝に宛てた義弘の書状案文（七月十五日付）である（三―一一二六号）。義弘は景勝との書状のやりとりははじめてだったようだが、「輝元・秀家をはじめ、大坂の御老衆《おんおとな》である小西行長・大谷吉継・三成らが相談して、秀頼様御為なので、貴老（景勝）も同意したほうがよいと承ったので、拙者（義弘）もその通りにしました。委《くわ》しくは三成より申されます」と書かれている。

光成説は、消極的に西軍参加を決めた義弘が疎遠な間柄であった景勝にこのような書状を送るのは不自然ではないかと指摘する。すなわち、義弘が西軍に積極的に参加したからこそ、西軍首脳の一員として景勝にも連携を求める書状を送ったのだというわけだろう。

しかし、不自然さをいうなら、この書状の中身と目的だろう。「秀頼様御為に候条」（原文）云々という一節は意味不明である。義弘は景勝に何を呼びかけているのか、あるいは何を要求しているのか、さっぱりわからない。ただ、私も大老や奉行衆と同様、あなたの味方になりましたよと述べているだけである。このような書状を送る意味があるのだろうか。むしろ、三成から要求されてしかたなく書いたものではないか。その証拠に、末尾には三成の別状があることを示している。東軍の大軍に囲まれている上杉氏を激励する意味も込めて、有力な西国大名である島津氏も西軍に加わったことを上杉方に知らせようという三成の意図に沿って書かれたものだろう。不体裁な内容になっているのも、そう考えれば合点がいく。この書状のトーンは義弘の積極性よりもむしろ逆に急激な情勢の変化にただ受動的にしか対応できない義弘の立場を示している。

ところで、この頃佐和山に隠居していた三成の動静はほとんど不明で、伏見や大坂にいつ頃行ったかわからない。だが、わずかにその足跡がうかがえる。義弘と交流があった公家の西洞院《にしのとう》時慶《いんときよし》（従三位参議）の日記によれば、七月十八日条に「豊国へ社参、内々石田治部少輔《じぶのしょう》人数にて越され由候、物走り也」とある（『時慶記』）。十八日は秀吉の月の命日である。その日に秀吉を祀る豊国廟に参詣したところに、三成の並々ならぬ決意のほどが感じられる。また「人数」とあることから、三成がお忍びではなく軍勢を率いていたこともわかる。

この日に三成がすでに上京していたのなら、その前後に伏見を訪れていてもおかしくない。三成は伏見で義弘に接触した可能性がある。景勝宛ての書状案文もそのことと無縁ではないかもしれない。もっとも、その後、義弘が三成と密着して西軍首脳として行動しているとは思えない節がある。七月二十九日、義弘が国許の忠恒に上方情勢を知らせた書状で、三成の動向も書いている。それによれば、三成は美濃大垣に下向していたが、秀頼にお目見えのため呼び戻されたという。その理由として「畢竟諸式《ひつきようしよしき》はか行き申さざるにつきて、召し出され候と聞き申し候」（結局、万事はかばかしくないので、秀頼に呼び戻されたと聞いている）。

これは七月十九日から始まった伏見城攻撃に西軍が思いのほか手こずっていることや、大坂城下に収容している人質のうち、細川忠興《ただおき》夫人（ガラシャ）が七月十七日に自害したり、東軍大名の夫人たちがひそかに大坂を脱出したりと、人質政策もうまく機能していない状況を指していると思われ、義弘が傍観者的な冷めた目で事態の推移を眺めていることが注目される。これでは義弘が西軍の主導的立場にいるとは考えにくい。

義弘が三成をはじめとする奉行衆と距離を置いていたことは、美濃垂井《たるい》に進出してから忠恒に宛てた述懐でもうかがえる。その書状には「秀頼様御奉公と申し、御家御為と申し、拙者は一命を捨てる覚悟である。だから、恥辱を顧みず御奉行中の御下知に任せてきた」とある（三―一一五七号）。「恥辱を顧みず」という一節が印象深い。これは、当初義弘が家康の命令に従って伏見城を守るはずだったのに、事情があったとはいえ、一転して三成の命令に従わざるをえなくなった屈辱的な心中を示した言葉だろう。これを見ても、義弘が西軍に積極的に加担したとは思えないのである。

なお、伏見入城を拒絶された一件については後日談がある。義弘は鳥居元忠らに入城を断られたいきさつを書状にしたため、家臣の井尻弥五助にもたせて江戸の家康に届けさせたという。そして弥五助は家康からの返事をもって帰途についたが、途中、近江の水口で厳しい詮議にあ

豊国廟

豊臣秀吉の墓所。京都・東山の阿弥陀ヶ峰の頂上にある。関ヶ原合戦直前、石田三成や宇喜多秀家が参拝に来たことが確認できる。

伏見桃山城（模擬天守）

伏見城は秀吉の居城で、天下人の城だった時期もあるが、挙兵した西軍に攻められて落城する。島津勢は松ノ丸を攻めたという。

ったので、家康の「御判《ごはん》」（花押付書状）だけを残して髪に巻きつけ、あとは捨ててしまった。それでも、弥五助は不審者として二〇日間抑留されたのち、釈放されたという（「大重平六覚書」「神戸五兵衛覚書」）。果たしてその真偽のほどは定かではないが、義弘がなお家康と連絡をとろうという意思があったらしいことを参考までに書き加えておく。

義弘の家格・官位

光成説のもうひとつの論拠に、七月下旬、三奉行や大谷吉継が豊後《ぶんご》の中川秀成《なかがわひでなり》や信州上田の真田昌幸《さなだまさゆき》に宛てた書状に、義弘が西軍首脳の一人として、輝元・秀家や奉行衆とともに名前が出ていることがあげられ、義弘が西軍の主導的立場にあったとしている。

この時期、義弘が西軍に身を置いたことは間違いない。しかし、主導的な立場だといえるのかどうか。そのように解釈するより、もっと単純に考えるべきだろう。すなわち、義弘が五大老に次ぐ高い家格・官位を有していたため、おのずと五大老並みに名前が挙げられているだけだと考えたほうがよい。

義弘の家格・官位を振り返っておく。天正十六年（一五八八）六月、義弘ははじめて上京して秀吉に拝謁し、五位侍従に叙任された。侍従以上は殿上《てんじょう》（天皇のいる清涼殿《せいりょうでん》に昇ること）の資格のある「公家成《くげなり》」の家格であり、格別に羽柴名字を許される。家格・領国・官職を合わせて、義弘は羽柴薩摩侍従と呼ばれた。翌十七年七月、従四位下に昇叙《しょうじょ》している（二―四八八号）。

その後、ずっと昇進はなかったが、慶長四年（一五九九）四月までに宰相すなわち参議に昇っていることが確認できる。同年四月一日、家康以下五大老が義弘・忠恒父子に宛てた連署状の宛所《あてどころ》に「羽柴薩摩宰相殿」とあるのがそれである（三―七一四・一五号）。義弘が宰相に任官したのは家康の吹挙《すいきょ》だったという（桑波田興・一九八九）。

参議以上（と従三位以上）は公卿《くぎょう》と呼ばれる上級公家である。義弘は少将、中将を飛び越えて一気に参議になったことになる。なぜかといえば、息子の忠恒が同年一月、朝鮮陣での戦功もあり、四位少将に昇ったことと関係がある。

この時点で義弘の官位は忠恒より下になった。これでは長幼の序が保てない。同様の事例もある。小早川氏においても、隆景が豊臣一門の秀秋を養子に迎えたとき、秀秋が従三位中納言で隆景より高位だったため、あとを追って隆景も従三位中納言に叙任され、家格も摂関家に次ぐ「清華成《せいがなり》」をしている事例がある（矢部健太郎・二〇〇八）。なお、隆景が中納言以上に昇

五大老・五奉行と義弘の比較　慶長5年（1600）時点

	大名	知行地・居城	知行高	家格／官職	位階
五大老	徳川家康	関東八カ国	250万石か	清華成／内大臣	正二位
五大老	前田利長	加賀・能登・越中	83万5000石（弟利政の能登21万5000石含む）	清華成／前権中納言	従三位
五大老	毛利輝元	中国八カ国	112万石	清華成／前権中納言	従三位
五大老	上杉景勝	会津・佐渡・庄内	120万石	清華成／前権中納言	従三位
五大老	宇喜多秀家	備前・美作	57万4000石	清華成／前権中納言	従三位
五奉行	浅野長政	甲斐	21万7000石（隠居、16万石は嫡男幸長に分知）	諸大夫成／兵部少輔	従五位下
五奉行	前田玄以	丹波亀山	5万石（隠居、嫡男茂勝が領知）	昇殿／徳善院	従五位下か
五奉行	増田長盛	大和郡山	20万石	諸大夫成／右衛門尉か	従四位下
五奉行	石田三成	近江佐和山	19万4000石（隠居、嫡男重家が領知）	諸大夫成／治部少輔か	従五位下
五奉行	長束正家	近江水口	5万石	諸大夫成／大蔵大輔か	従四位下か
	島津義弘	大隅帖佐	6万石（島津家全体では61万9000石）	公卿成／参議	従四位下か

知行地・知行高は中村孝也『新訂 徳川家康文書の研究』中（日本学術振興会）より
家格・官位は下村效「天正 文禄 慶長年間の公家成・諸大夫成一覧」（『栃木史学』7号）を一部参照した
家格は上位から清華成・公卿成・公家成・昇殿・諸大夫成の順

「公卿成」した義弘は五大老に次ぐ家格、奉行衆は格下（ほとんどが諸大夫成）であった。

らなかったのは、今度は毛利本家の輝元（中納言）を越えてしまうからである。豊臣政権においては、親が子より、本家が分家より家格・官位が下になってはいけないという原則があったと思われる。

義弘と忠恒の官位も小早川父子とほぼ同様な手続きがとられたわけである。とくに義弘が忠恒の少将より二階級上の参議まで昇ったのは、朝鮮陣でも泗川《サチヨン》の戦いや露梁《ノリヤン》沖の海戦での活躍が豊臣政権（五大老五奉行）に高く評価されたためだろう。

五大老は「清華成」という高い家格で中納言以上である（矢部健太郎・二〇〇一）。義弘の「公卿成」＝参議はそれに次ぐ（「公卿成」は筆者の造語。「公家成」のうち、公卿に列する者を区別した）。五大老以外で義弘より上か同等の官位をもつ者は織田秀信（三位中納言、信長嫡孫）、小早川秀秋（三位中納言）などの「清華成」のほか、京極高次《きようごくたかつぐ》（参議）、丹羽長重《にわながしげ》（参議）、細川忠興（参議）などがいるだけだが、いずれも秀吉の縁者か父祖の高い家格を引き継いだ若年の御曹子で、さしたる武功もない大名たちである。

西軍への結集を呼びかける宣伝文書なら、若年の彼らよりも武勲赫々《ぶくんかつかく》たる義弘の名前を挙げたほうが宣伝効果はあるだろう。だから、光成説ほど深読みする必要はないのである。

なお、義弘は参議任官の頃から維新《いしん》（あるいは惟新《いしん》）という出家名を名乗るようになった。秀吉の死去に弔意を表したためである。その後、この出家名で呼ばれることが多いが、本書では混乱を避けるために義弘を使うことをお断りしておきたい。

ついでながら、兄義久についても付記すると、秀吉に降伏したとき出家して「龍伯《りようはく》」と名乗った。その後、僧位の最高位「法印《ほういん》」とともに従三位に叙せられている（『島津家文書之三』一四五九号、『島津氏正統系図』）。三位法印になった時期は一説によれば、天正十六年（一五八八）七月五日という（「台徳院御実紀」巻十五）。

亀寿の存在と義弘の政治生命

伏見にいた義弘は七月十二日まではその去就を決めかねていた。それが遅くとも景勝宛ての書状案文をしたためた十五日までに西軍に加わっている。

では、わずか三日間に何があったのだろうか。残念ながら、それを明らかにする史料は残っていない。ただ、すでに見たように新納旅庵が義弘の命で大坂に下り、「秀頼様御為」の方途を探るうちに、西軍が大坂を占拠してしまったため、西軍に加わるしか、事実上ほかに選択肢がなくなったと考えられる。

義弘が西軍に加わらざるをえないという決断をした背景には、島津本宗家の家督を継いだ忠恒の夫人亀寿の存在があったと考えている。これについては先行研究でもすでに示唆されているが、さらに深く考えてみたい（西本誠司・一九九七）。

すでに第一章で述べたように、亀寿は義久の三女だが、姉二人が分家に嫁いでしまったことから、義久の手許に残っていた事実上の嫡女であり、しかも義弘・忠恒父子の政治生命をも左右するような女性だった。もし義弘が伏見城に入って家康に味方した場合、西軍が占拠した上方では、細川ガラシャの悲運のように、亀寿を窮地に追い込む危険性があった。

忠恒が一度は家督を継いだのは何より亀寿の存在が大きい。太守義久は二人の間に男子が誕生してはじめて、忠恒を正式の当主として認知するに違いないと思われた。しかし、亀寿と縁組してから六年たっていたが、まだ子どもに恵まれなかった。また亀寿が五歳年上の元兄嫁だったせいか、二人は不仲だったといわれている。島津氏の正史にも二人が「琴瑟相和《きんしつあいわ》せず」、夫婦仲が悪いと記されているくらいである（『島津国史』巻二十四）。

それはともあれ、義久は自分の血を引く外孫の忠仍も家督候補に考えていたから、ここで亀寿に万が一のことがあれば、義久の激怒を買い、忠恒はたちまち家督候補者から脱落するのは目に見えていた。だから、何としても亀寿の安全だけは図る必要があったのである。

亀寿はもともと太守義久の三女で身分が高いが、とくに忠恒が家督を継いだ慶長四年（一五九九）二月から、一段と高くなった。義弘は亀寿を「御つぼね」とか「御かミさま」「御上《おかみ》様《さま》」と敬称を付けて呼んでいる。また自分の正室である「宰相殿」＝実窓《じっそう》夫人（広瀬氏）よりも亀寿を上位に置いている。

義久が亀寿をどれほど可愛がっていたかがわかる史料がいくつかある。義久には三人の女子があったが、亀寿が末っ子だったため、「至極の御愛子《ごあいし》」だと思っていたという（「家久公御養子御願一件」）。義弘がすでに美濃に進出した八月中旬、国許の忠恒からの書状によれば、義久が上洛して亀寿と交替するという意向を示している（三―一一五七号）。つまり、義久が亀寿の代わりになるというわけである。もっとも、それは世上が平和なとき、内府様（家康）が命じられたらの話で、今のような混乱した政局を考えれば、義久の申し入れがいかに非現実的なことかは明らかで、義弘も義久の上洛は不要と答えている。ともあれ、義久が自分の一身に代えても守りたかったのが亀寿だったのである。

ここで亀寿の動静を見てみよう。史料の制約があって、その動きをつかむのは難しいが、手がかりがないわけではない。亀寿は天正十五年（一五八七）に十七歳で上京して以来、文禄四年（一五九五）の関白秀次事件で聚楽第が取り壊されるまでの七年間、一度帰国しただけで、ほとんど在京していた（二―一四六二号）。その後、秀吉のいる伏見城が豊臣政権の政庁となると、亀寿も伏見城下の島津家屋敷に移った。

義弘は亀寿だけでなく、自分の夫人宰相殿も人質として伏見屋敷に置いていた。慶長四年（一五九九）八月、富隈の義久は伏見の義弘に、亀寿のことは宰相殿に頼みたいと伝えている。義久が亀寿のことを心配していたのは義弘もよく承知していた。

関ヶ原前夜、義弘が伏見入城問題に奔走している頃まで、亀寿が伏見にいたことは確認できる。伏見の義弘は鹿児島の忠恒に書状を送るたびに亀寿の様子を毎回のように知らせている。

もっとも、翌五年三月頃、亀寿は「小脳気《しょうのうけ》」という病気になっている。脳気とは頭痛がして気分がすぐれない状態または症状である。小脳気はその程度が軽いものか。心配した義弘は谷杉という祈禱師《きとうし》に祈念させたところ、「女の呪詛《じゅそ》のたたり」という見立てだった（三―一〇七八号）。それから一カ月以上煩《わずら》いがつづいたが、四月中旬にはかなり回復し、「御幸《ごこう》八幡」（現・

亀寿（持明夫人）の墓
島津家の菩提寺、福昌寺跡（鹿児島市池之上町）にある。亀寿はのちに法号から持明（じみょう）夫人とも呼ばれた。

国分舞鶴城跡
太守島津義久の隠居用の居館として造営された。義久臨終の際、亀寿が看取ると、そのまま同城に留まり、晩年まで、この地で過ごした。義久旧臣団が亀寿に忠誠を誓い、夫家久の鹿児島方と一時対峙したこともある。

御香宮《ごこうのみや》神社か）に参詣していることがわかる（三―一〇九二号）。

大坂が西軍に占領された直後の七月十四日、義弘は亀寿をどこに避難させるか思案していた。義久宛ての書状に「かミ（亀寿）さま御進退、何方《いずかた》へ移し申すべき哉《や》と談合最中に候」と報告しているから、まだ義弘は亀寿とともに伏見にいたと思われる（三―一一二二号）。

義弘は果たして伏見から大坂に下ったのだろうか。そのことを示す史料はない。むしろそのまま伏見に留まっていた可能性が高い。公家の西洞院時慶の日記によれば、七月十六日、時慶は伏見の義弘に使者を送って返事をもらっているから、まだ伏見にいることがわかる（『時慶記』）。そして十九日には西軍の伏見城攻めが始まっているから、義弘は大坂に下る余裕もなく、そのまま伏見城攻めに加わったと思われる。

もちろん、戦場になる可能性の高い伏見に亀寿を残すはずはないから、大坂に送り届けたのだろう（宰相殿も同伴）。亀寿は遅くとも七月二十九日までに大坂に移っていることは確実である（三―一一四一号）。

結局、「手前無人《てまえぶにん》」というみじめな状態では、義弘は西軍に加担するしか亀寿を守る方法がなかった。義弘があくまで家康に味方するつもりなら、東海道を下って家康に合流する方法もないわけではないが、そうなると、西軍の勢力圏に残される亀寿の安全を確保することはできない。亀寿にもしものことがあったら、義久に面目が立たなくなり、ひいては忠恒の失脚につながる。義弘の去就を最終的に決定したのは亀寿の存在そのものではなかったか。

つまり、義弘を突き動かしていたのは、天下分け目の戦いに積極的に関与するという冒険主義的な動機よりも、あくまで内向きの論理だった。その立場と動向は上方政局のいかんよりも、島津家中の権力関係に強く規定されていたのである。亀寿の安全保障を図ることが、義弘・忠恒の政治生命を維持することにほかならなかった。義弘の関ヶ原参戦はこのような内向きの視角を忘却してはならないだろう。

義弘、「手前無人」を嘆く

ともあれ、義弘は西軍に加担した。しかし、義弘の置かれた状況はことのほか厳しかった。義弘は七月二十四日、二十九日と立てつづけに鹿児島の忠恒とその家老たちに三通の書状を送っているが、どれにも「手前無人」「手前人数これなし」と書き連ねて、軍勢がいないことを嘆いている（三―一一四〇・四一・四二号）。そして、「軍勢がいないと何事も思うに任せず、面目を失い果てるばかりである。（中略）一日も早く軍勢を上らせてほしい」と懇願している。

とくに家老の本田正親《まさちか》と伊勢貞成《さだなり》に宛てた書状では、「帖佐方」（義弘の家臣団）はすでに多くが在京しているから、これ以上の増派は無理かもしれない。その代わり、「心有るべき人は分限《ぶげん》によらず」、自由に上京させてほしいと指示している（三—一一四二号）。「心有るべき人」とは通常の軍役とは無関係に、自由意志で上京を望む有志という意味である。これは義弘の家臣団だけでなく、義久・忠恒や一所衆《いっしょ》（私領を有する大身の一門衆や国衆）の家来の参陣も期待していたのだろう。

また義弘は西軍に加わったものの、厳しい情勢認識を抱いていた。忠恒に対して、「関東へ下った御人衆《（大名）》は一人も上洛して来ないので、その様子はわからない」と告げている（三—一一四一号）。義弘がこのように書いているのは、「秀頼様御為」という大義名分で毛利輝元を盟主に挙兵すれば、家康とともに関東に下った豊家恩顧の大名から必ず離反者が出て上方に戻ってくるという見通しを三成あたりから聞かされていたからだろう。

しかし、東軍の結束が乱れる徴候はまったくなかった。だから、「吉凶の境はさらに見及ばず候」と、西軍に加担したことが正しい選択だったかどうか、前途の不確かさを実感しているのである。義弘の漠然とした不安はその後、的中することになる。

義弘は西軍に加担することを決めた前後の七月十四日から決戦直前の九月七日まで、残っているだけでじつに十一通の軍勢催促状を国許に送っている。しかし、義久・忠恒は義弘の懇請をことごとく黙殺し、ついに最後まで組織的な動員はなされなかった。わずかに義弘の家臣か有志が少人数で上ってきただけだった。

島津勢の人数はどれくらいか

島津氏は六二万石の大身ながら、上方に詰めている人数は極端に少なかった。なぜかといえば、庄内の乱の影響が大きい。義弘は朝鮮から帰ると、そのまま上方に滞在したが、引き連れていた軍勢のほとんどが庄内の乱鎮定のため忠恒とともに帰国したからである。

義弘の軍勢がどれくらいいたのかは、関ヶ原合戦への関与のしかた、ひいてはその退き口の実態解明のためにも重要である。

義弘が西軍への加担を決めた七月中旬頃、その兵数は「旗下《はたもと》士卒二百余人に過ぎず」とあり、二〇〇人ほどしかなかったようである（三―一一四九号）。それから、伏見落城ののち、濃州垂井の陣所まで進出したとき、国許の家老本田正親に宛てた書状（八月二十日付）では次のように書いている（三―一一五九号）。

「さてまた、長宗我部《（盛親）》殿は全軍で二〇〇〇人の軍役なのに、秀頼様に馳走するために五〇〇〇人も率いて、近日伊勢へ着陣したとか。立花《（宗茂）》殿は一三〇〇人の軍役なのに、これも馳走のために四〇〇〇人率いて、今日上方に着到した。他国がこのような有様のところ、薩摩の仕立てはわずか一〇〇〇人ほどで当地をやりくりすることは幾度申しても面目ない次第で、筆舌に尽くしがたい」

義弘は長宗我部盛親や立花宗茂（当時、親成）の軍勢と比較して、上方駐屯の島津勢の少なさを嘆いている。盛親は土佐二二万石の大名だから、二〇〇〇人の軍役ということは、ほぼ一人役（二万石は無役分か）である。宗茂は筑後柳川一三万余石だから、これも一人役である。両者とも義弘同様に、家康から会津出陣ではなく上方在番を命じられていたものとみえる。

ところが、両者とも規定軍役の三倍前後の軍勢を率いて上京してきたのである。上京したのがすでに西軍が上方を制圧した八月になってからだから、両者とも最初から西軍に加担するつもりであり、戦意旺盛だった。

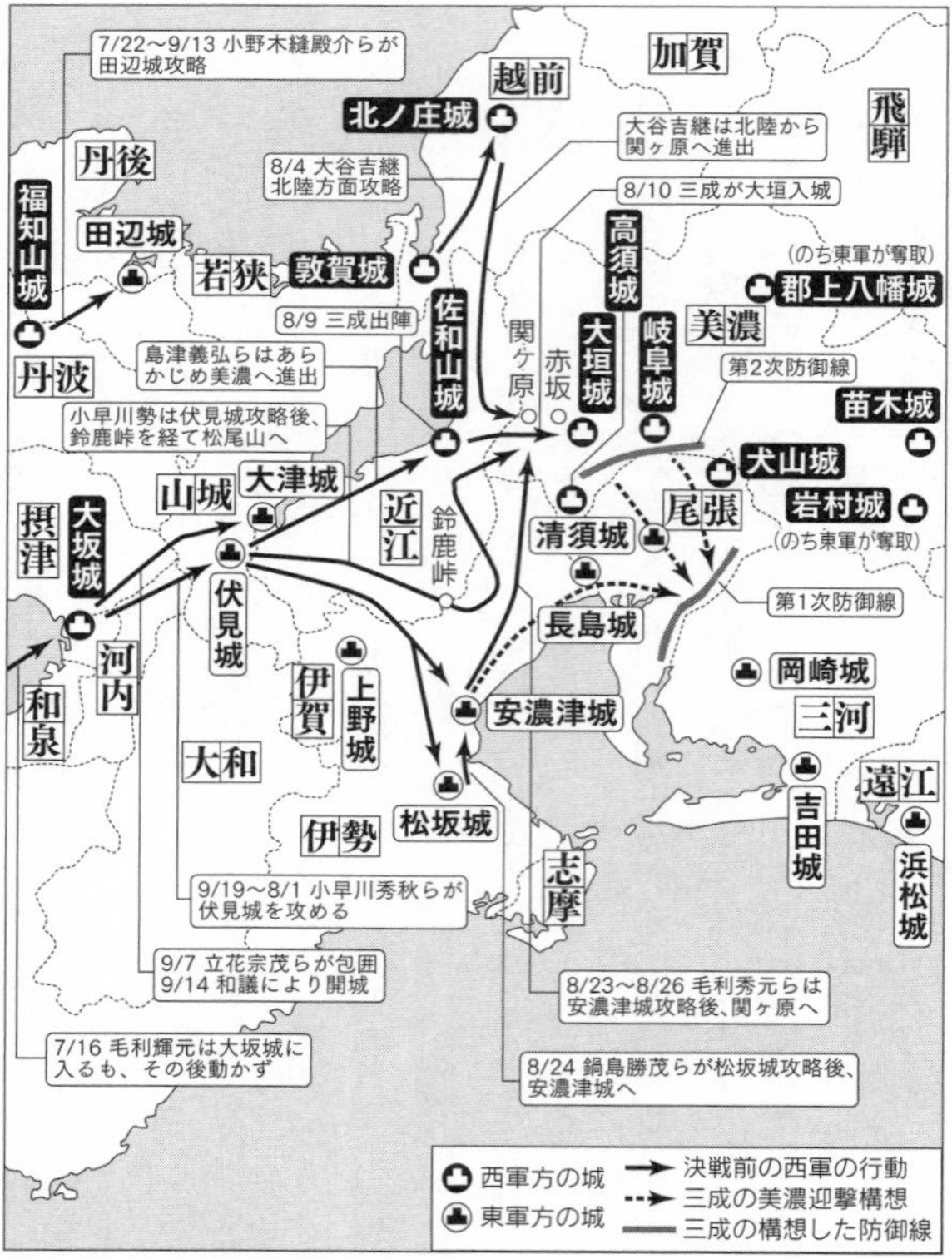

決戦前の西軍の構想と行動

挙兵した西軍は、東軍迎撃構想に基づき、伏見城はじめ近江・美濃・伊勢などの各拠点を確保すべく行動を開始。8月10日に至り、三成は大垣城に入った。

一方、義弘はこの時点で麾下《きか》に「わずか千人の内」しかいないと書いている。一〇〇〇人以下という意味だろう。当初の二〇〇人足らずからだいぶ増えているのは、甥の島津豊久（日向国佐土原《さどわら》城主）の兵も含まれていると見るべきだろう。豊久は国許に軍勢を派遣するように命じており、早々に着到している（三―一一五九号）。義弘との違いは、小なりとはいえ当主であることだった。豊久は二万八六〇〇石の領知高である。一人役だと三〇〇人弱が加わった勘定になる。それでも、まだ一〇〇〇人には届かない。豊久率いる佐土原勢は意外と少ないと思われる。九月十五日の決戦のとき、豊久は富隈衆を与力にしたとある。これは豊久の手勢が少ないことを示している。

では、増加分はどの衆かといえば、伊集院氏に代わって庄内に復帰した北郷《ほんごう》氏の軍勢だと思われる。このことはほとんど知られていない。北郷氏は島津氏の古い異姓分家で、義弘の先妻は北郷氏から迎えており、親密な間柄だった。

北郷氏も豊臣政権の命で上方に駐在しており、前年から一族の北郷久永が人質として七五人の家来とともに伏見に詰めていた。さらに伏見城攻めののち、同じく一族の北郷忠泰らが「数百の兵を率いて上洛」したという記録がある（『旧記雑録拾遺　諸氏系譜二』北郷氏一流第一）」。

それまで義弘と豊久の手勢合わせても五〇〇人程度だったが、この北郷勢数百の到着によって、一〇〇〇人前後になったと考えられる。そうだとすれば、北郷勢だけで島津勢全体の三分の一程度を占めていたと考えられる。

豊久は義久を筆頭とする島津四兄弟の末弟、中務大輔《なかつかさのだいぶ》家久の嫡男である。家久が豊臣政権から大名に認められたので、島津本宗家から独立して佐土原島津家となった。官途は天正十五年（一五八七）に死去した父と同じで、唐名《とうみよう》の中書《ちゆうしよ》と呼ばれることが多い。

五月十二日、豊久は佐土原から上京し、伏見に上った。その目的は「参勤のため」という（『本藩《ほんぱん》人物誌』）。豊久は庄内の乱で、伯父の義久や従弟の忠恒に味方している。この時期、庄内の乱鎮定の御礼のため、忠恒の使者も上坂して家康に拝謁していることから、豊久もそうだったのかもしれない。豊久は朝鮮半島で長く義弘と戦陣を共にしており、義弘へ畏敬の念をもっていたという。豊久は一カ月ほど伏見に滞在して、六月五日、帰国の暇をもらい大坂まで下った。これは家康をはじめとする豊臣政権の許可だろう。

ところが、大坂に滞在するうちに、三成の挙兵に遭遇したという（右同書、「豊久譜」）。挙兵は七月十二日頃だから、帰国の許可が出てから大坂に一カ月以上も滞在していたことになる。

この挙兵によって帰国が難しくなり、義弘の指図を受けるために伏見に戻り、以後、義弘と行動を共にした。帰国していたら、豊久の運命は違っていただろう。

一方、国許では義弘の下知に応じて、家老の新納旅庵・伊勢貞成をはじめ、相良長泰《さがらながやす》・大田吉兵衛・後醍院喜兵衛《ごだいいんきべえ》など譜代衆が郎党を引き連れて上京の途についた。その後も、義弘を慕う者や戦陣で武功を望む者が三々五々上方にはせ参じた。『旧記雑録後編三』所収の史料で上京した人数の具体的な数字がわかるものが三点ある。日付は関ヶ原への着到日である。

九月五日（一一六七号）

富隈から四五人、鹿児島から二二人、ほか合わせて二八七人

九月十一日（一三〇四号）

浜之市衆（山田有栄《ありなが》と配下、郎党）三〇人

九月十三日（一四〇七号）

帖佐衆（長寿院盛淳《ちょうじゅいんせいじゅん》率いる義弘直臣衆）七〇人ほど

これらを合わせると三九〇人近くになる。この数字はすべてを網羅したものではなく、実際はもう少し多いはずである。たとえば、北薩出水《いずみ》郷から押っ取り刀ではせ参じた中馬大蔵《ちゅうまんおおくら》など

は含まれていない。それ以前に集まった一〇〇〇人と合わせると、ほぼ旧参謀本部編『日本戦史　関原役』の通説どおり、一五〇〇人程度だったと推定される。

この兵力は義弘の願望とかけ離れているのはいうまでもない。義弘は八月中旬、豊臣政権が定めた島津氏の在京駐屯兵力は七〇〇〇人だと述べている（三―一一五七号）。これはおそらく家康の会津出陣での軍役を指しているだろう。西国大名は上方留守を命じられ、その軍役は一人役（一〇〇石に一人）だった。島津氏は約六二万石の知行高だから、六二〇〇人となる。七〇〇〇人はこれにほぼ等しい。義弘は、島津氏の財政窮迫状況では、これを達成するのは難しいから、とりあえず「他国なみ」といえる半分の三五〇〇人ほど上京させるよう、忠恒に指示している。「他国なみ」とは、立花宗茂や長宗我部盛親の軍勢を念頭においているのだろう。

しかし、義弘の計算は思惑ずくめで一種のフィクションである。島津氏の知行高には義久・義弘・忠恒・亀寿などの蔵入地で軍役が課せられない無役分約二一万石が含まれる。それを差し引けば、約四一万石弱になるから、軍役は一人役なら四〇〇〇人ほどになる勘定である。その半分は二〇〇〇人になるから、義弘の計算とは合わない。いずれにせよ、義弘はどんな名目でもいいから、外聞が保てる体裁を調えたかったのだろう。

第三章——島津勢は二番備えだった

伏見城松ノ丸を攻める

伏見城攻撃が始まったのは慶長五年（一六〇〇）七月十九日からである。この日か前夜、徳川方は城外に出て、奉行の増田長盛や前田玄以の屋敷に火をかけた。二人は「内府違ひの条々」に連署していたから、裏切りへの見せしめだろう（『言経卿記《ときつねきょうき》』十、三―一一六五号）。

一説によれば、伏見城攻めの総大将は小早川秀秋だったという。それから連日の猛攻が行われ、銃声が周囲に響いた（右同書）。西軍は城際まで取り詰め、築山を築いて大筒や石火矢《いしびや》も使って攻め立てた（『真田家文書』上―四八号）。伏見からほど近い醍醐《だいご》寺の三宝院門跡《さんぽういんもんぜき》の義演《ぎえん》の日記には七月二十一日、「戌剋《いぬのこく》大責め、鉄炮の音天地を動しおわんぬ」といった記事があるかと思えば、小栗栖《おぐるす》山で周辺の郷民が城攻めを見物していたというし、義演自身も長尾山に上って見物するという、のどかな光景もあった（『義演准后日記』二）。

西軍は勢ぞろいして一斉に伏見城に押し寄せたわけではなく、逐次大坂から上って、個々に攻め始めたようである。朝廷は西洞院時慶を勅使として大坂城の秀頼の陣中見舞いに下らせているが、二十二日、時慶は途中、小早川秀秋・大谷吉継・宇喜多秀家・毛利家（秀元か）の軍勢とすれ違っている（『時慶記』二）。これら大身大名の軍勢が攻撃に加わるのはこの日以降ということになる。これだけそろえば、西軍の総数はおそらく五万人を超えただろう。

伏見城には、留守居の城将鳥居元忠はじめ松平家忠・同近正・内藤家長・同元長など八頭（八人の大将）率いる一八〇〇余人が籠城していた。これに大坂城西の丸の家康御座所を守っていて毛利秀元に追い出された佐野綱正など五、六〇〇人も伏見城に入っていた（『浅野家文書』一一三号）。ほかに家康の賄領《まかない》（上方滞在の費用に充てる領地）があった近江国甲賀郡の土豪たちも入城したという。

では、島津軍はどのように戦ったのだろうか。島津軍の受け持ち部署は城の北東にある松ノ丸の曲輪《くるわ》だった。城壁まで攻め寄せる仕寄《しょ》りの総奉行は一所衆の入来院重時《いりきいんしげとき》、脇奉行は久留休斎《ひさどめきゅうさい》と松岡勝兵衛（はじめ神戸休五郎）だった（「神戸久五郎咄覚」）。重時は垂水《たるみず》領主の島津以久《もちひさ》の二男。鎌倉以来の名門である入来院家の養子となっていた。家康に庄内の乱平定の御礼を述べるため、忠恒の名代《みょうだい》として上坂し、そのまま義弘のそば近くに留まっていた。

この曲輪の守将《しゅしょう》はもともと秀頼の命で木下勝俊（のち長嘯子《ちょうしょうし》）が入城していたが、叔母にあたる北政所《きたのまんどころ》守護を理由に城から脱出していた。一説によれば、実弟の小早川秀秋が西軍になったので、城将鳥居元忠から退去勧告を受けたという（「木下家譜」、『関原軍記大成』一）。

木下勝俊の退去後、松ノ丸をだれが守備していたか確実な史料では確かめられないが、甲賀衆の深尾清十郎が守っていたという説もある（『関原軍記大成』一）。

島津勢が実際に戦ったのは伏見城が落城した八月一日だけではないかと思われる。討死者の交名《きょうみょう》（名簿）がすべて同日に集中しているからである（三―一一四五号）。なお、松ノ丸とその南隣の名護屋丸は前日の七月三十日に焼失したとする説もある（『言経卿記』十）。

城攻めが散発的に始まったのと籠城方の結束により、西軍は十日以上も攻略できずにいた。それに業を煮やして八月一日午《うま》の刻（正午頃）を期して総攻撃を加えたようである。城方の松ノ丸や石田治部少輔郭《くるわ》からは内応者が出て手引きしたという（三―一一六五号）。奉行衆の長束正家と増田長盛が真田昌幸に「諸手《しょて》より一度に即時に力攻めに乗り入れ候事」、三成も「当月朔日午刻、無理に四方より乗り込む」と書いている（『真田家文書』上―五三・五五号）。

この力攻めにより、本丸が落ちたのが一日申《さる》の刻（午後四時頃）である。西軍は伏見城を攻略したものの、損害も大きかった。一説には負傷者が三〇〇〇人も出たという（『言経卿記』十）。

島津勢の城攻めの様子は詳しくわからないが、脇奉行だった松岡勝兵衛の奮闘は記録されている。それによれば、勝兵衛は五代舎人《ごだいとねり》とともに松ノ丸の曲輪に一番に取りつき、鑓で城壁の狭間《さま》（小窓）を突いて、三つか四つ閉じさせた。そして塀の内から城兵が鑓を引っ張るので、引き合いとなった。勝兵衛が引き勝ったものの、拍子で堀下に落ちたところを銃撃され、草摺《くさずり》（鎧の胴から垂れ下がり、臀部《でんぶ》や腿を守る部分）のはずれを撃ち抜かれた。深手を負った勝兵衛は自害しようとしたが、義弘が見舞いに来て薬を与えてくれたので命は助かった。しかし、重傷のため美濃には従軍できなかったという（「神戸久五郎咄覚」）。

意外なところでは島津の忍び衆も働いている。「忍びの達者」と呼ばれた浜田主水が塀を乗り越えて城中に潜入している。同じくのちに関ヶ原で活躍する押川強兵衛《おしかわごうべえ》もつづいたが、遅れをとって悔しがっている（『薩摩旧伝集』巻ノ一）。

伏見城攻めで島津軍は二二人の討死を出した。そのなかには名字のない小者も含まれる。主人に従い、ともに討死したらしい。ほかにも討死の数以上の負傷者が出たと思われる。ただでさえ寡勢の島津勢にとって決して小さくない損耗だったのではないか。義弘も忠恒に「伏見御城攻めに手負《ておい》死人多々《たた》御座候間《ござそうろうあいだ》、いよいよ無人共なかなか申すべきようもこれなく候」と嘆いている（三―一一五七号）。

美濃へ進出

伏見落城ののち、西軍は伊勢・美濃・北国《ほっこく》（北陸）の三方面に進出することになった。方面ごとに主だった大名をあげる（『真田家文書』上―五六号）。

伊勢口：毛利輝元（名代秀元）・宇喜多秀家・小早川秀秋・長宗我部盛親・立花宗茂・小早川秀包《ひでかね》・筑紫広門《ちくしひろかど》・脇坂安治・長束正家など
美濃口：石田三成・織田秀信・島津義弘・小西行長・稲葉貞通《さだみち》など
北国口：大谷吉継・木下勝俊・同利房・戸田重政・福原長堯《ながたか》・小川祐忠《すけただ》・生駒親正（名代）・蜂須賀至鎮《はちすかよししげ》・青木紀伊守など

島津勢は石田三成の手に属して美濃に向かうことになった。伏見から大津に出ると、三成を迎えに来た船が多すぎて余ったため、島津勢はそれに乗って佐和山に向かった。ところが、にわかに大風が吹き、佐和山に着くのが難しくなったので、近江八幡に船を着け、「小庵《しょうあん》」で一晩過ごして佐和山に向かった（「神戸五兵衛覚書」）。

佐和山に着いたのが八月十五日で、一泊したのち、美濃に向けて進発し、翌十七日、垂井宿に陣を置いた。垂井宿は中山道の宿場で関ヶ原の真ん中にある。そして義弘主従は二十日頃、大垣城に入った。ここには三成のほか、小西行長ら九州勢が詰めていた。二十二日頃、三成の命により、島津勢は墨俣《すのまた》の渡しの守備についた。秀吉の一夜城の逸話で有名だが、長良川の渡し場で尾張清須《きよす》から大垣に通じる美濃街道の要所である。

佐渡での三成との行き違い

東軍の動きについても見てみよう。

六月十六日、大坂城を発した家康は七月二日に江戸に着き、二十一日江戸を発して二十四日野州《やしゅう》小山《おやま》に着陣した。これより先、嫡男秀忠率いる先手衆は宇都宮に布陣して、上杉領の白川口に侵攻する機会をうかがっていた。

有名な小山評定が開かれたのは二十五日である。西軍挙兵の急報により、ここで方針転換して、軍勢を反転させることに決した。翌二十六日、福島正則をはじめとする諸将は続々と東海道から西上を開始した。一方、秀忠はなおも宇都宮に留まり、一カ月間上杉方を監視していたが、信州を平定せよという家康の命を受け、八月二十四日、中山道を上る。

東海道を上った東軍先手衆が福島正則の居城である尾張清須城に入ったのが八月十一日である。諸将は江戸に留まっている家康が進発してくるのを待っていたが、家康が送った使者の村《む》越《ら》茂助《こしもすけ》の挑発的な檄に発奮して、二十三日、西軍の前線拠点である岐阜城を攻め、たった一日で陥落させてしまった。同日夜、墨俣に詰めていた島津勢は東から石火矢の音が聞こえ、火の手が上がっていることを視認した(「木脇久作働神戸五兵衛覚書」)。岐阜城が攻められていたのである。

東軍のうち、岐阜城攻めに間に合わなかった黒田長政・藤堂高虎・田中吉政などの軍勢は方角を変えて堰を切ったように長良川西岸に押し寄せてきた。墨俣の上流に合渡《ごうと》という渡し場があり、舞《まい》兵庫・森九兵衛・杉江勘兵衛など三成の手勢一〇〇〇人ほどが守っていたが、あっという間に撃破された。長良川を渡った東軍はそのまま大垣城に迫る勢いを示し、大垣城北西の岡山に陣取った(「神戸五兵衛覚書」)。

その頃、義弘は三成・行長らと大垣と墨俣の中間にある呂久《ろく》川(揖斐《いび》川支流か)にある佐渡《さわたり》で軍議を開いていた。そこには二〇〇〇人ほどの兵しかいなかった。そのため、三成は大垣城

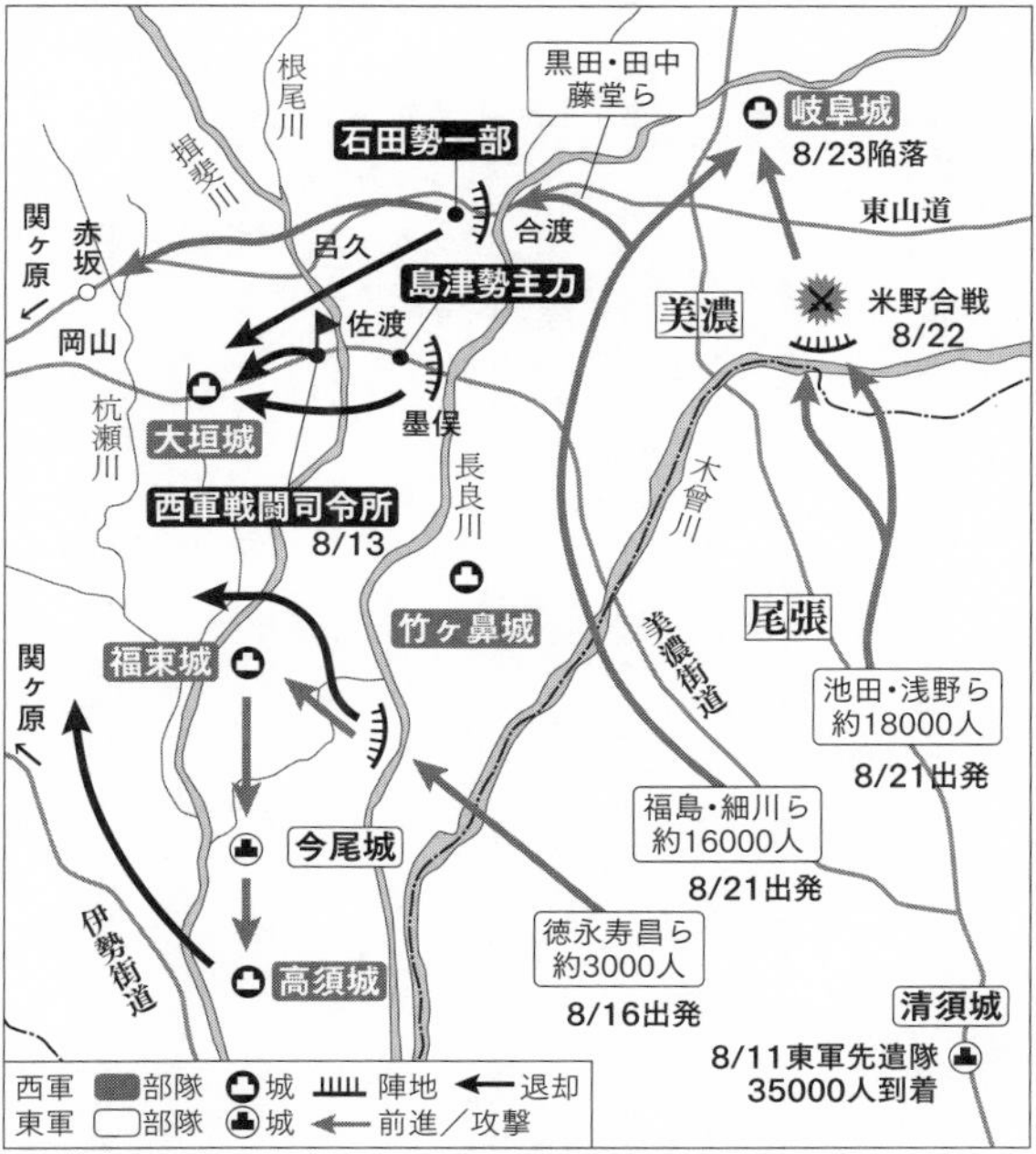

岐阜城の陥落と長良川・木曾川戦線の崩壊　8月16日〜23日

東軍の強襲と岐阜城主織田秀信の稚拙な戦いで、岐阜城が陥落。長良川・木曾川戦線は崩壊した。西軍諸将は、その対処に追われたが、これが三成と義弘の対立を呼んだと思われた。

に撤収することにし、義弘にも同行を求めた。

義弘は入来院重時・喜入《きいれ》忠政・川上久智《ひさとも》・新納忠増《にいろただます》ら重臣のほか十数人の供廻だけで墨俣から来ていた。ここで三成に同行すれば、多くの家来衆は墨俣に置き去りになる。三成としては、家来衆は別に退却すればよいというくらいの軽い気持ちで告げたのだろうが、義弘の側近である新納忠増と川上久智が反発した（『新納忠元勲功記』）。

「そのとき、島津方の人数はいずれも墨俣に置かれていたので、みなが残らず繰り曳《ひ》き（交互に整然と退くこと）がすまないうちは立ち退くことはできないと（義弘は）返答された。それでも、三成は聞き入れず、馬に打ち乗って駆け出そうとしたので、忠増と久智が見とがめて、その馬の口を引き止め、『兵庫入道（義弘）はこの場に踏み留まります。（家来を置き去りにするという）未熟なことはできませぬ』と諫言《かんげん》したが、三成はそのまま駆け出し、大垣の方に走られた」

この一件は三成の合理主義と義弘の家来思いという好対照な考え方の衝突を示しており、これがのちの遺恨につながったという解釈もできるかもしれないが、それほど重要な局面だとは思えない。というのは、その後、三成のほうが考え直したのか、義弘との和解を試みる行動に出るのである。

三成、単騎で義弘を出迎える

そのうち、日没となって敵の姿も見えなくなり、ようやく義弘と先手の合流を遂げた島津勢が大垣城めざして行軍しているとき、前方から黒い騎馬武者が一騎駆けしてくるのが見えた。この騎馬武者はだれだったのか。

「中途にて黒具足《ぐそく》、甲《かぶと》の立物《たてもの》には水牛の角立物仕り候武者、早道にて此方《こなた》へ駆け向き候を御覧なられ候へば、石田治部殿ただ一人、伴衆乗馬壱人も付け申さず候、治部殿仰せられ候は、佐渡において惟新様ご辛労遊ばされ候由相聞こえ候間、お見廻《(舞)》のため参り候由申され候」（「神戸久五郎覚書」）

何と三成その人だったのである。しかも、供廻も連れずに単騎で。三成が黒具足に水牛角の立物の甲といういでたちだったことは、ほかの史料に表れない貴重な情報である。三成は義弘主従に「佐渡では苦戦された由聞きましたので、お見舞いに参りました」と告げて、主従の労をねぎらった。

またこの夜、墨俣で敵を討ち取った押川強兵衛《おしかわごうべえ》は遅れて大垣に戻った。翌朝、三成が島津勢の陣所にやってきて、「兵庫殿《(義弘)》の衆が大垣の太刀始めをしたと聞き、喜んで参った次第」と伝え、さっそく首実検が行われた。三成が「この敵を討ち取った者を召し出してほしい」と頼んだので、強兵衛が呼び出された。三成は強兵衛を嘉賞し、天正大判一枚（一〇両）を与えた。そのため、兵たちが大いに強兵衛を羨ましがったという。

こうしてみると、三成は佐渡での一件で後味が悪かったのか、島津方に大変気を遣い、関係修復につとめていることがわかる。

九月十三日、国許から待望の加勢が大垣にたどり着いた。家老の長寿院盛淳《ちょうじゅいんせいじゅん》や福山地頭の山田有栄《ありなが》率いる浜の市・福山・帖佐・蒲生《かもう》の衆だったという（「新納忠元勲功記」）。もっとも、有栄らは二日前の十一日に着到したと思われるから、おそらく盛淳率いる一隊七〇人（帖佐や蒲生の衆）ばかりだろう。義弘は大垣城外に陣屋を構えていたが、外に出て彼らを迎えた。そして盛淳の手をみずから取り、「いずれ一番はその方だと思っていたぞ」と、うれしそうに声をかけた（「井上主膳覚書」）。

義弘の夜討ち案の真偽

九月十四日、長く江戸に留まっていた徳川家康がとうとう美濃赤坂に着陣した。東軍の士気はいやがうえにも上がった。

一方、動揺と焦慮を深めた大垣城の西軍方では、同夜、軍議の末、主力を関ヶ原に陣替えすることに決した。東軍の西進を阻止するためである。

その軍議では、赤坂の家康本陣への夜討ち論が持ち上がったとされる。「落穂集《おちぼしゅう》」によれば、提唱者は島津義弘・豊久だった。大垣から関ヶ原に転陣することが決したのち、豊久が三成の陣所を訪れて対面し、義弘の意向を次のように伝えた。

「転陣がよいとは思えない。兵庫《（義弘）》入道が考えるに、大垣城に有り合わせの人数で今夜半、内府《（家康）》の旗本へ夜軍《よいくさ》を仕掛けることがよい。（三成に）ご同心いただければ、兵庫入道が先手を仕る。また宇喜多秀家か貴殿《（三成）》のご両人のうち一人が関ヶ原に赴かれ、彼の地の諸軍勢をもって内府の先手へ取りかかり不慮に切り崩すように申し合わせるのがよいのではないか」

これに対して、困惑している三成の代わりに家老の島左近が「古来から夜討ちや夜軍は小勢の方が大軍の方に仕掛けて勝ったためしがない。明日、平場での一戦で味方の大勝利は疑いない。久々に内府の押付《おしつけ》（鎧の背上部の板）を見られるであろう（家康の敗走する後ろ姿を見るという意）」と豪語した。

豊久は左近の過言は不届き千万と思いながらも、「そなたが内府の押付を見られたのはいつ、どこでのことか」と尋ねた。すると、左近は「先年故あって武田信玄の家来のもとに寄寓していたことがあり、山県《やまがた》（昌景）の一手で出陣し、内府を掛川城の近くの袋井畷《ふくろいなわて》まで追いかけたとき、内府の押付を見ましたぞ」と答えた。

豊久は憤然として「それは下劣のたとえであり、杓子定規《しやくしじようぎ》と申すもの。その頃の内府と只今の内府とを同じ人物と思っていては、大いに間違うことになり申す。明日にも一戦したとき、内府の押付をご自分で見られることがあったら重畳《ちようじよう》でござるが、とても合点がいきませぬな」と言い捨てて退座したという。

従来、義弘のこの夜討ち案を三成と左近が斥《しりぞ》けたために、島津方が遺恨を覚えたことが、翌日の決戦で島津勢が傍観した理由のひとつとされてきた。しかし、軍議ですでに陣替えが決したのちの三成の陣所でのやりとりであり、僚将たちの面前で島津方の面目を潰したわけではない。また左近が山県昌景の与力だったというのはにわかに信じられない。左近は三成に仕える前は、筒井氏（順慶《じゆんけい》・定次《さだつぐ》）のれっきとした譜代重臣だったからである。

また、数万の東軍兵士が守りを固める家康本陣に夜討ちをかけるなど至難の業であり、歴戦の武将で戦術眼に優れた義弘がそうした現実離れした提案をするはずがなく、この逸話は史実とはいえないとされてきた。

ともあれ、「落穂集」という二次的な編纂物という史料的性格を考えると、十分吟味することが必要だと思う。また島津方の史料に夜討ちに関する記事がほとんど見えないことから、この逸話を史実だと断じるわけにはいかない。

ただ、それほど不合理な話かといえば、そうでもないと考えている。ふつう、この逸話は家康本陣への夜討ち案だけが取り上げられるが、よく読むと、三成か秀家が関ヶ原に転陣して、毛利勢や大谷吉継らと合流したうえで、東軍先手衆と開戦し、それを引きつけている間に、大垣城の義弘らが家康本陣を奇襲するという作戦である。赤坂の陣所がある程度手薄になったのを見計らっての策であることに注意を払うべきだろう。

仮にこの逸話が史実に近く、義弘・豊久が三成・左近から侮辱されたと感じたとしても、それゆえに翌日の決戦で日和見したかどうかというのは別問題である。島津方の史料を見れば、島津勢が日和見していたとは思えないからである。

ところで、島津方の史料に夜討ちの記事がほとんどないと述べたが、家来たちの間で話題になった形跡はある。義弘の有力地頭川上四郎兵衛忠兄《ただよし》の配下で、北薩出水郷に住む長野勘左衛《かんざえ》門《もん》という武士がいた。勘左衛門が決戦前夜の九月十四日夜、忠兄と夜討ちについて次のような談合をしている（「長野勘左衛門由来書覚書抜」）。

「（赤坂の敵の）様子は大敵で際限なく（陣所の）普請もまだ終わっていないので、一五〇人ほど選ぶよう（勘左衛門に）命じてほしい。そうなれば、夜籠《よごめ》に内府様の御陣を崩してみせますと申した。明日になれば、（夜討ちは）できません。忠兄殿は、大敵を一五〇人でどうしようというのだと仰せになった。勘左衛門が申すには、五〇人ずつ三手に分けて、白支度に赤鉢巻で攻めかければ、としふみ《（たちまちカ）》に崩すことができますと申した。（夜討ちをかけないと）敵勢はいよいよ増強されるでしょう。そのうえ、心も知らない（戦い方を知らない）味方の大将衆が多いから、必ず明日のいくさは乱戦になるに違いないと存じますと申した。忠兄殿が仰せには、もっともかもしれぬ、そのようなことになるかもしれないが、今宵は（味方は）すべて人数がそろわないから、そのなかから一五〇人を選抜しようとしても無理である。また（夜討ちが成功するか否かは）運次第ではないかと仰せられた。勘左衛門が申すには、運の見極めは自分でやりたい。犬死しては未練が多すぎます」

長野勘左衛門はたった一五〇人で、数万の東軍がひしめく赤坂の陣所に夜討ちをかけると息巻いている。どうみても成算がないから、寄親《よりおや》の川上忠兄が冷静に押し止めたことがわかる。あくまで下級兵士による威勢のよい放言にすぎない。とても西軍首脳の軍議で提案するような策ではないことは明らかである。

ともあれ、これらの逸話から、今なお義弘と三成が不仲で確執があったと巷間信じられている。しかし、両者の不仲説は江戸期以降、島津氏が関ヶ原合戦で西軍に参加した不都合をとりつくろう必要から拵えられた逸話だと思われ、三成を悪者にして自身の行動を正当化する島津史観に基づくものだといえる。

島津勢は「二備《にのそなえ》」「二番備え」「後陣」

九月十五日未明、折から深い霧が立ちこめるなか、関ヶ原に東西両軍が布陣し終え、巳《み》の刻(午前十時頃)、霧が晴れかかる頃合いに、ついに決戦の火ぶたが切られた。

関ヶ原合戦における島津勢の戦いぶりは、世に「島津の退き口」と呼ばれて名高い。しかし、それは西軍が総崩れになってからの行動であり、肝心の本戦では戦闘に参加しないで傍観して

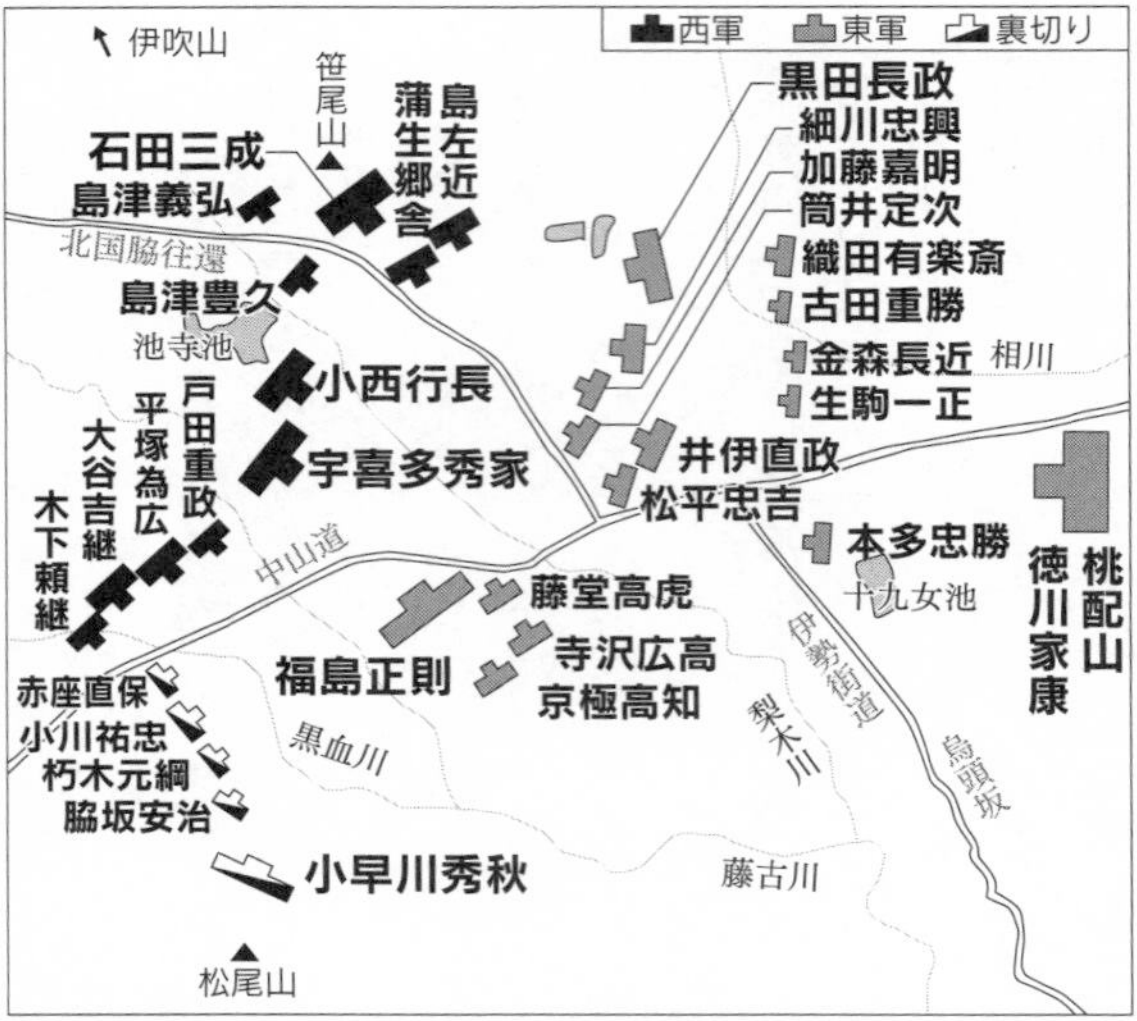

合戦直前の配置
石田勢の南隣に布陣した島津勢は、西軍の二番備えだった。

徳川家康最初陣跡
家康が合戦当初、布陣したと伝わる桃配山の陣跡。

いたという説が根強い。たとえば、二木謙一氏は島津勢の態度を次のように記している（二木謙一・一九八二）。

「敵が接近してきても、攻撃さえしかけてこなければ、発砲もしなかった。終始傍観の態度をとりつづけてきたのである」

「島津は、やむにやまれぬ事情から、西軍として関ヶ原に参陣したものの、戦闘不参加をきめ込んでいたらしい」

しかし、島津義弘の態度について「傍観」とか「戦闘不参加」という表現が適切なのかどうかには疑問がある。

関ヶ原合戦に関する島津側の史料で最も信頼性が高いのは『旧記雑録後編三』に収録された文書群である。そのなかには「退き口」の末に国許まで帰った島津家臣の覚書や手記類がたくさん含まれている。それらを手がかりにすると、非常に興味深い事実が浮かび上がってくる（傍線筆者）。

①「黒木左近兵衛申分」

「雨天にて霧深候て、方々見えかね候、此方《こなた》御備二備《にのそなえ》に御坐《ござ》候」

②「神戸五兵衛覚書木脇休作働之次第」

「此方の御陳（陣）の前、備前中納言殿（宇喜多秀家）、東は石田殿請取の陣場、此方は二番備にて候処、大谷殿戦死、備前の中納言殿・石田治部殿追崩し、此方の御陣に猛勢かゝり申し候」

③「義弘譜」

「石田三成、八十島《やそじま》助左衛門を豊久の陣に遣わして曰く、三成先陣を進み敵軍に対し、一戦において勝ち較《くら》ぶべし、後陣の軍衆速かに前進を待ち合戦を致さん」

これらによれば、島津勢は西軍の陣立のなかで「二備」「二番備」「後陣」に位置していたことになる。

では、東軍方の編纂史料ではどうだろうか（傍線筆者）。

①林道春・春斎「関原始末記」

「石田が家老島左近先手なり、其左の山きは（際）織田小洞《こぼら》信高并《なら》びに大阪（ママ）黄母衣《きほろ》衆段々にひかへたり、島津兵庫頭（義弘）・同又八郎（豊久）は石田が後ろに陣をとる」

②細川家の家記『綿考輯録《めんこうしゅうろく》』二

「治部少輔が後備の嶋津が喰とめんと兼て御用心有けるに」云々

③黒田長政の伝記「長政記」

「治部少輔は嶋津を先手とし、左近を二陣とし、我が旗本を三陣とし、小西・宇喜多を後援として戦ふべきよし、左近と評議しけれども、左近うけこはす（肯わず）。みづから無二の戦をとけ（遂げ）られ候へと諫《いさ》めしかば、其旨にしたがひ、左近を先手とし嶋津を其の横撃に頼みしとかや」

③は長いので大意をとると、三成は島津勢を先手にしようとしたが、島左近が承知せず、自ら無二のいくさを遂げるようにと諫言したので、三成もそれに従い、島津勢を横撃の備えとしたというわけである。ちなみに、横撃というのは敵の側面攻撃を防ぐ備えのことで、いわゆる脇備えに近いものだろう。

これらの史料から、島津勢は先手備えではなく、後陣、二陣もしくは脇備えという役割を期待されていたとみて間違いない（桐野作人・二〇〇〇）。

近世の合戦絵図や旧参謀本部作成の作戦図などでは、西軍は横一線に布陣しているように描かれているが、そうした見方は修正されなければならないのではないだろうか。

ここで、西軍の陣立全体を俯瞰《ふかん》してみる必要がある。そこに三成の作戦意図がどのように反映していたのか、そのなかで島津勢がどのような役割を与えられていたかも、ある程度判明すると思われるからである。

西軍の事実上の総大将だった三成が信頼し、かつ掌握できたのは、大垣城在陣の諸将と大谷吉継だけだった。三成はこの軍勢による一糸乱れぬ陣立で東軍を圧迫することによって、戦意が低い松尾山の小早川秀秋、南宮山の毛利秀元・吉川広家《きつかわひろいえ》、栗原山の長宗我部盛親・長束正家らの積極性を引き出そうと企図していたのではないか。

大垣城から着陣した西軍諸勢は北国脇往還沿いから辰巳《たつみ》（南東）の方角に向かって布陣していた。西軍の左先手が石田勢、右先手が宇喜多勢という陣容になる。三成は豊家譜代、宇喜多秀家は豊家御家門である。三成としては、豊家の命運を決するこの一戦で、やはり豊家の支柱である自分と秀家が戦端を開くべきだと考えたのではないか。

このあたりの感覚は意外にも、徳川家康とも近いかもしれない。家康は関ヶ原合戦の先陣を福島正則に決めながらも、譜代筆頭の井伊直政と一門の松平忠吉の抜け駆けを黙認したことがそれである。

島津傍観説は事実か

戦国時代の合戦全般にいえることだが、合戦の帰趨《きすう》は先手備えの戦い方如何によって決まるといっても過言ではない。先手備えは敵に打撃を与えることによって戦局を有利に転換させる働きを担う。大名の軍団編成においては、通常、経験豊かな譜代重臣や有力一門衆がその任にあたる。関ヶ原合戦は大名の混成軍によって戦われたから、少し様相が異なるが、それでも、先手備えの大名の働きが決定的な役割を果たすことには変わりない。

西軍では、先手の石田勢六〇〇〇と宇喜多勢一万数千の戦いぶりがそのカギを握っていた。そして、両勢は東軍の大軍を引き受けて一刻ほど奮戦したといわれる。しかし、小早川秀秋の裏切りをきっかけに、相前後して総崩れとなった。

合戦の鉄則どおり、先手の両勢が敗退したので、関ヶ原合戦の勝敗は決したのである。二番備えだった島津勢（あるいは小西勢）に出る幕はなかったというのが現実であろう。

余談ながら、島津勢の傍観説とは関係ないが、東軍方の黒田長政から義弘に決戦直前に書状が送られていることはほとんど知られていない。時期が時期だけに密書の可能性もあるとして、拙著で紹介したことがある（『さつま人国誌』戦国・近世編3）。

それは関ヶ原合戦から五十日ほどのちの慶長五年十一月四日付で、義弘が長政に宛てた書状で、次のようなことが書かれている（『黒田家文書』一―二二六号）。

「濃州大柿《（垣）》においてご懇札に預かり、その後、御状候ても、ご返事申し入れ候といえども、途中にて故障の儀に付いて相届かず候段、是非に及ばず候」

大意は、義弘が大垣城にいたとき、長政が丁重な書状を義弘に送った。その後書状をいただいても、返事を申し入れようとしたけれども、途中に故障があって届かなかったのは致し方ないというのである。長政からの書状の内容は不明だが、東軍への寝返りを誘う密書だったと推定してもおかしくないだろう。しかし、義弘としても敵味方に分かれているかぎり、返事のしようがなかったということだろう。

両者のやりとりを見ると、義弘と長政は合戦前から交流があったことがわかる。『黒田家文書』

にはほかにも義弘の長政宛て書状（慶長六年閏十一月四日付）がある（右同書一六四号）。それには「先年以来申し談じたる縁中の儀」という一節がある。つまり、義弘と長政の間には数年前から縁組の約束があったことがわかる。これはほとんど知られていない意外な事実である。だれとだれの縁組かといえば、義弘の孫娘と長政の養子松寿だと思われる。結局、義弘が敗軍の将となり、その処分も決まっていなかったので、この縁組は破談となった（右同書一六六号）。

関ヶ原合戦における長政の調略の才は際立ったものがあったが、それは義弘にも及んでいたのである。

それでは、なぜ島津傍観説が生まれたのだろうか。もとより、二番備えが参戦するのは形勢次第であり、そのときまで予備軍として待機しているのは当然である。また島津義弘は三成の家来ではないから、参戦の潮時は自身で決断するのもこれまた当然である。

義弘は合戦中、ただ傍観するだけではなかった。「義弘譜」には次のような記述がある（三―一一七〇号）。

「すでに三成の先備えの志摩（島）左近・雑賀内膳《さいかないぜん》などは敵兵に対し羽箭（矢）を飛ばし鉄炮を発している。（義弘は三成に）長寿院・毛利覚右衛門を遣わして軍務を労《ねぎら》い、かつ戦場の行《てだて》をどうするかで再往している際、計らずも筑前中納言（小早川秀秋）がたちまち変心逆戈《ぎやつか》した」

義弘は開戦後、家来の長寿院盛淳と毛利覚右衛門を三成の陣所に遣わして見舞い、「戦場の行」すなわち作戦について打ち合わせのため、三成との間で「再往」しているのである。二番備えである義弘が参戦時機を見定めようとしていた様子がうかがわれる。

また僚軍の亀井茲矩《これのり》（因幡《いなば》国鹿野《かの》一万三八〇〇石）が鉄炮衆の加勢を求めてきたので、義弘が浜の市衆を派遣せよと命じると、山田有栄がその通りにしている。もっとも、それからほどなく味方は崩れたという（「山田晏斎《あんさい》覚書」）。茲矩もいつの間にか東軍に寝返っていたが、それはともかく、島津勢も臨戦態勢で待機していたことだけはわかる。

島津傍観説の主な理由は、合戦中、三成の使者を追い返したことと、また三成自身の参戦要請さえも拒んだことであろう。この点については島津側の史料でも裏付けられるので、ほぼ事実であるようだが、そのいきさつは仔細に検討するに値する。

石田勢が崩れ出す前後と思われるが、三成家臣の八十島《やそじま》助左衛門が進軍を命じようとして島津軍先手の豊久の陣所にやってきた。八十島は朝鮮出兵をはじめ、島津義弘への奏者《そうじゃ》をつとめていた人物だから、島津家中に知己《ちき》が多い。八十島は島津方の陣所に二度やってきたという。

一度目は「三成が先陣に進み、敵軍に対し勝つための一戦を遂げる。後陣の軍衆も速やかに進み、進んで合戦致されんことを待ち申す」と口上を述べた。豊久は形だけこれを承諾したが、一人も兵を進めなかった。二度目も同様のやりとりになり、八十島は空しく戻っていったという（「惟新公関原御合戦記」）。

八十島の来陣については、山田有栄の手記が興味深い。有栄は豊久の一手に属していたから、間近で見ていたことになる。八十島が陣中にやってきたとき、島津方の兵士たちが罵声を浴びせた（「山田晏斎覚書」）。

「馬上より口上《こうじょう》尾龍（籠）のことに候、討ち取り候へなどと口々に悪口申し候へば、則ちかけ戻り候」

「尾籠《おこ》」とは不届きという意味である。馬上から口上を伝えるのは礼を失しているだけでなく軍法に背く行為だった。しかし、勝つか負けるかの非常時のため、焦っていた八十島はそうした軍法を守る余裕がなかったのだろう。

この一件も、島津方の避戦志向の根拠にされることが多い。しかし、先に述べたように、義弘・豊久は、決戦の戦機は自分たちで判断する、それに限っては他人の指図は受けないという牢固な信念をもっていたと思われる。

八十島では埒《らち》が明かなかったため、今度は三成自身がやってきた。三成は豊久に「道《てだて》の宜しからざる事」を告げた。西軍の形勢が芳しくないというのだ。暗に、だから一刻も早く押し出してくれという含意だろう。これに対して、豊久は次のように答えた。

「今日においては自他、おのおの武勇を励まし、筋力を尽さん。其の勝敗する所は、これをし(知)るべからず。天運の到来すべき所を待たん」

三成はそれを聞いて、「気力減じ、勇敢衰へて」しまい、「可《か》ならんか、卿《けい》が言のごとくせよ(それでもよい、好きにせよ)」と答えるのが精いっぱいだった(「惟新公関原御合戦記」)。

前日まで親しく交流していたのに、島津方の掌を返したような仕打ちにみえるかもしれないが、島津方にも言い分があったのではないか。それは三成が豊久の陣中を訪れたのは、小早川勢の裏切りのあとだったのではないかと思われる節があるからである。

「惟新公関原御合戦記」はほぼ時系列に沿って、出来事を一つ書形式(一、何々という箇条書き)で記してあるが、小早川勢の裏切りは八十島と三成が豊久の陣中を訪れた箇所の前に書かれている。

つまり、三成は小早川勢の裏切りを知って、それが全線に波及しないうちに、予備兵力の島津勢を前線に投入して局面打開を図ろうとしたのだろう。しかし、島津方では小早川勢の裏切りの時点で勝機は去ったと判断し、さらにいえば、豊家家門の秀秋を統制できなかった三成の力量不足を目のあたりにして、いまさら外様の我々が三成に従う義理はないと突き放したのではないかと考えられるのである。

義弘や豊久にすれば、「秀頼様御為」（三―一一三二号）と念じて苦渋の決断の末、西軍に加わった。しかも、三成からは事あるごとに西軍の優位を聞かされてきた。それなのに、豊家一門がまっ先に味方を裏切るような不甲斐ないいくさぶりに対して、もはや付き合いきれないというのが偽らざる本音だったのではないだろうか。

三成は島津氏にとって豊臣政権の取次であり、また島津領に対する文禄検地の総奉行でもあった。島津家の内政にも介入して、島津家が豊臣大名として立ち行くようにあれこれと指南してきた。それに島津氏側から呼応したのが義弘（と伊集院幸侃）である。豊臣政権が島津氏の領知朱印状や知行方目録の宛所《あてどころ》を太守義久ではなく義弘にしたのは、義弘への厚遇と期待の表れだった。それだけに、義弘には三成への恩義と畏敬の念があった。当初は家康を「公儀」と仰いで従軍するつもりだったのに、やむをえず西軍に投じたのも、三成との永年の交流に基づく信頼感が根底にあったからだと思われる。

その信頼関係が秀秋の裏切りをきっかけに、いっぺんに崩れ去ったのではないか。三成は吏僚としては優秀でも、武将としては平凡すぎたかもしれない。同時に、家康を上回る歴戦の強者である義弘なら、大軍を擁する秀秋の裏切りによってこの一戦の大勢が決したと即座に理解したに違いない。さらに一五〇〇人ほどの手勢では、この期に及んでは如何ともしがたく、自分のことだけを考えるしかないと、冷厳に現実も見据えていたはずである。

だから、島津方は三成に対して、「手柄次第に働く」(「山田晏斎覚書」)、すなわち、自力で戦うしかないと告げるほかなかったのである。こうしたいきさつを踏まえれば、島津勢の態度を傍観、日和見と決めつけるのは早計だといわねばならない。

西軍の敗北時期はいつか

三成は島津氏との交渉が不首尾に終わり、悄然として自分の陣所へ戻っていったが、山田有栄の手記には「(三成が) 手備に帰り着かれ候はんと存じ候時節、はら〳〵と敗軍候事」とあり、三成が陣所へ帰り着いた頃に石田勢が敗軍したと記しているのが注目される(「山田晏斎覚書」）。

では一体、西軍が敗北した（総崩れになった）のはいつ頃だったのだろうか。東西両軍が開戦したのは前夜の雨による霧の晴れ間が見えた巳《み》の刻（午前十時頃）だといわれている（「慶長記」）。その後の戦況の展開について、旧参謀本部は「日既に正午に近づけども西軍の抗拒《こうきょ》激烈なるが為め屢々《しばしば》退却し勝敗未だ知るべからず」と述べて、正午になっても一進一退で、どちらかといえば西軍が押していたという見解である（『日本戦史　関原役』）。

旧参謀本部がどんな史料を根拠に述べているか不明だが、関ヶ原合戦の代表的な軍記物にもほぼ同様の記事がある（『関原軍記大成』三）。

「辰《たつ》の刻（午前八時頃）より軍《いくさ》始まりて、漸《ようや》く己（巳）午《ご》（午前十一時頃）に及びけれども、勝敗未だ分らざりしが、動《やや》もすれば、関東勢、戦地をしざ（退）り懸りけれども、（後略）」

開始時刻が少し異なるが、午前十時から正午になっても勝敗不明、どちらかといえば、関東勢が後退していると書かれている。参謀本部もこうした軍記物を参考にしたのだろう。

しかし、島津側の史料にはそうした通説とは異なっている記事がある。すなわち、西軍の敗勢はもっと早かった可能性がある。たとえば、義弘付きの小者だった大重《おおしげ》平六の覚書には「石

最後の決戦場跡
笹尾山の南東、西軍の石田三成本陣からわずか400メートルまで東軍が攻め込んで、天下分け目の戦いの雌雄が決した。左の小山は笹尾山。

石田三成陣跡
笹尾山にある三成の陣所跡。二重の柵を設け、大砲を据え、前面左翼に島左近、右翼に蒲生郷舎を配置して東軍を迎え撃った。

田殿、一時もこたえず候て、中書《（豊久）》様陣場へ崩れかかり候」とあり、石田勢は二時間程度しか持ちこたえられなかったとする。その時点まで義弘は「未だ御鎧も召されず」とあり、義弘はその頃、まだ戦機至らず（自分の出番ではない）と判断して甲冑を着けずにいた。それ以前に石田勢が敗走しはじめたのだから、義弘の予想以上に石田勢の敗軍は早かったことになる（「大重平六覚書」）。

義弘の有力家臣の覚書にも「防戦よふ《（様）》なく柴田《（島左近か）》即時に敗軍すれば、石田軍皆陳《（陣）》破れて敗北す、然れば午《うま》の刻の事なるか」とあって、正午頃にはすでに石田勢が防戦のてだてなく、総崩れになっていたとある（「帖佐彦左衛門宗辰《むねたつ》覚書」）。

正午頃に石田勢が敗軍したというのは通説より二時間ほど早い。またそのことと小早川秀秋の裏切りとの因果関係は不明である。

戦場という極限状態では往々にして人間は時間の感覚を失いがちで、時間の経過に対する個人差も大きい。大重や帖佐の覚書も合戦からかなりあとになって書かれたものだから、時間的に正確かどうかはわからないが、相対的な前後関係はある程度認めてもよいのではないか。

すなわち、小早川秀秋が裏切ってから八十島助左衛門が島津方の陣所に督戦にやってきたこと。その後、三成もやってきたが、三成が自分の陣所に帰り着いた頃に石田勢が敗軍したことである。

島津勢は西軍敗北を冷静に見極めると、次の行動に移ったのである。それはまさしく前代未聞の行動だった。

第四章——退き口決行——前代未聞の前進退却戦

「薩州勢五千召し列れ候わば」

ここで改めて、島津勢の布陣位置や陣立を確認しておきたい。関ヶ原盆地は中山道が東西に通っているが、その中央あたりから北西方面に北国脇往還《ほっこくわきおうかん》が分かれる。江北から越前に抜ける街道である。北国脇往還を北から扼《やく》する笹尾山に石田三成が布陣し、脇往還の南で石田勢の陣所から一町半（約一五〇メートル）離れて、島津豊久の陣所があった。島津勢の先手備えである。その後方一町ほど、北国脇往還の北側で小関村の南に義弘の本陣が置かれていた。島津勢の右手四、五町先には宇喜多秀家と小西行長の陣所があった（「惟新公関原御合戦記」）。

小早川秀秋の裏切りにより、大谷吉継は奮戦した末に討死し、石田三成も宇喜多秀家も敗走した。西軍の敗北が決定的になったとき、義弘が次のようにつぶやいた（三―一三四〇号）。

「薩州勢五千召し列《つ》れ候わば、今日の合戦には勝つものをと、両三度に及び御意遊ばされ候」

五〇〇〇の兵がおれば勝ってみせたと義弘は豪語した。これは決して強がりではない。わずか数千で一〇万の明《ミン》・朝鮮連合軍を撃破した戦歴をみれば、義弘が五〇〇〇の兵を保有していたら、関ヶ原合戦の様相を一変させることも可能だったかもしれず、単なる大言壮語ではなかった。しかし、義弘には五〇〇〇の兵はなく、現実にはその三分の一もいなかった。それでも、

島津義弘陣所跡

右・関ヶ原（岐阜県不破郡）にある島津陣所跡。

左・島津陣跡の石碑。義弘は、笹尾山の石田本隊と天満山の小西隊・宇喜多隊を結ぶ中間、北国脇往還の北側に陣取った。

薩摩池

関ヶ原合戦で、島津勢の先手は豊久、その横手に山田有栄。義弘はそれより後方のこの地に布陣した。この狭い池は島津勢が軍用として使用したもので、古来より水が涸れることがなかったといわれている。

義弘はある思いを秘めて麾下《きか》に厳命した。

「敗軍した西軍の兵が自軍の備えに崩れかかってきたら、たとえ味方といえども、打ち捨てよ」

島津勢の将士は地面に折り敷いて甲《かぶと》を前傾させ、おのおの鑓を膝に引き寄せて、いつでも押し出せる態勢をとった。

義弘は退き口のときまでずっと甲冑を着けず、小具足姿のままだった（「大重平六覚書」）。それは義弘が六十六歳という老齢のために体力を温存したかったのと、まだ戦機が熟していないと判断していたことを示している。しかし、案に相違して、その決定的局面はついに訪れなかったのである。

味方は寡勢、敵は大軍という切羽詰まった戦況で、義弘は背後の伊吹山方面に逃げるのではなく、前方を突き破って故国へ帰ろうと考えた。一見、非常識でありえない戦法だが、わずかな可能性に賭けるしかなかったのだろう。何より義弘は老齢で家康よりも七歳年長である。義弘はその自記で「旗本を見渡してもわずか二、三百人にすぎない。（中略）また引き退《の》こうとしても、老武者のため、伊吹山の大山を越え難し、たとい射たれるといえども、敵に向つて死すべしと」思ったと回想している（「惟新公御自記」）。郷里とは逆方向の伊吹山に逃れては万が一にも生きて帰れる望みはないと思っていたのである。そして、義弘や豊久は寡勢のため、通常とは異なる戦い方を考えていたと思われる（「山田晏斎覚書」）。

「敵勢寄せ来たり候前に、此方《こなた》お下知には、いかにも間近に寄せ付け候てご一戦なさるべしと、鉄炮前積《まえづもり》におう(射)たせなく候」

これは豊久が麾下に命じた下知だが、先手を預かる豊久は「前積」（後述）をしないまま、あえて押し出さずに、あくまで敵を引きつけるだけ引きつけてから、一挙に打って出る心づもりだったと思われる。これは少ない兵力を有効に活用するとともに、鉄炮の集中的使用と集団突撃を組み合わせた戦法である。

この戦法は戦場の決定的局面で乾坤一擲《けんこんいってき》の決戦に出るものだった。だから、島津勢はその戦機をじっと待ちつづけ、兵力の小出しをせず、いたずらに損害が増えることを避けたのである。

島津氏の軍法——「前積」「繰抜」

少し退き口の場面から脱線する。

じつをいうと、退き口に打って出る直前、豊久が「前積」をせずに、鉄炮を撃ったものの効果的に使わなかったことに対して、後世、薩摩藩の軍学者から批判されている。江戸時代後期の軍学者徳田邕興《ようこう》（一七三八〜一八〇四）である。徳田は合伝流《ごうでん》という軍学を興した。諸流派の長所を取り入れる折衷《せっちゅう》主義的な態度から、そのように名づけたという（田中鉄軒・一九一三）。

徳田が著した「島津家御旧制軍法巻鈔《まきのしょう》」は戦国島津氏の軍法を解説するとともに、関ヶ原合戦を批評している。合戦から二百年後の著作だが、島津氏の軍法に精通しているだけに、なかなか興味深い。

徳田によれば、戦国島津氏では鉄炮は足軽ではなく武士が撃った。

「其の御手組の軍法、同格士衆中《どうかくししゅうじゅう》一人も残らず、自身には五、六文目《（匁）》玉以上の鉄砲を携へ持ち、膝おやし《（ママ）》大小刀の家来に柄六、七尺の手鋒《てぼこ》・鎗《やり》又は弓矢・太刀の得《え》道具を持たせ、主人の右脇にひしと離れざるように引き付け置く」

島津家中においては、衆中と呼ばれる武士たちは一人残らず、自分で五、六匁《もんめ》玉（約一九〜二三グラムの弾丸）の鉄砲を携帯し、郎党には六、七尺（約一八〇〜二一〇センチ）ほどの手鋒（いわゆる持鑓《もちやり》）か鎗・弓矢・太刀を持たせて、主人の死角にあたる右脇に離れないように引き付けて固めさせたというのである。そして合戦が始まるとどうなるか。

「敵合せの始めには諸士一同に鉄炮を繰抜《くりぬ》き打詰、切合せり、つまる時は家来に持たせたる武具を把《と》り、すき間なく敵を打挫《うちくじ》く、これ惟新主《（義弘）》の御時代、薩州の戦習《いくさならい》、手くせにして他国流の備《そなえ》、先の足軽に鉄砲・弓を放たせ、それを塩《（潮）》合にして跡より士替り合ひ、鎗を突入れる戦の次第とは大に相違したり」

　敵と開戦すると、まず武士たちが「繰抜《くりぬき》」（交互に）で鉄炮を放つ。それが一段落したら、郎党に持たせた武具を持って敵に突入する――これが惟新こと島津義弘の軍法の流儀だというわけである。まず足軽に鉄炮や弓矢を撃たせたのちに鑓を突き入れるという、通常の戦国大名の合戦方式とは際立って異なると、徳田は強調している。

　また、島津氏の軍法には「騎馬組」がなく、島津日新斎《じつしんさい》（忠良、義弘の祖父）以来、「所々の戦ひに馬入《うまいれ》・騎戦を用たる事」がないとも述べている。

　島津勢の主要武器はこれまで見てきたように鉄炮だった。その鉄炮戦術を「繰抜《くりぬき》」と、徳田は呼ぶ。

「繰抜とは、一列づつ鳥銃を打出し打発《うちはつし》たるまま、則ち玉込を成す、その間に又別の一列抜き出して打出す、いつ迄もかくのごとく一旦にさきに繰抜き出るなり」

鉄砲を一段ずつ交互に放つ仕組みだから、これだけではそれほど変わった戦法には見えないが、島津氏ではこれを足軽ではなく、衆中の武士たちが行う点が変わっている。徳田は合伝流において、この戦術を「繰詰詰開《くりつめつめひらき》」とも呼んでいる。

さらに「繰抜」は合戦の展開に応じて変化・発展していく。すなわち、「鋒矢《ほこや》形の備」である。備えというからには陣立や陣構えかといえば、そうではない。徳田は「鋒矢形、備の形にあらず、鉄砲打詰」だという。「諸士鉄砲を以て、き《（気か）》を打詰め、ひじき《（跪き）》、無二に切込むいき《（勢）》をい、神速《しんそく》に鋒矢のする《（鋭）》どなる如きを言ひたる事なり」

鉄砲の交互斉射である「繰抜」から突撃態勢に移行する際の勢いのことを「鋒矢形」と呼び、定形の備えではないというわけである。

徳田は、関ヶ原合戦においては、この「繰抜詰開」から「鋒矢形」へと展開していく島津軍法の常道に対して、島津勢の先手だった島津豊久の「前積」を怠った「あやまり」を厳しく指摘している。「前積」は一種の事前準備のことである。

「島津惟新の戦法は、騎馬入れ・長柄鎗の業を用いず、諸士すべて鉄炮を携え持ち、鉄炮一色にて敵陣を打ち崩すのを第一とするので、戦場へ押し出し、まだいくさが始まらない時、味方

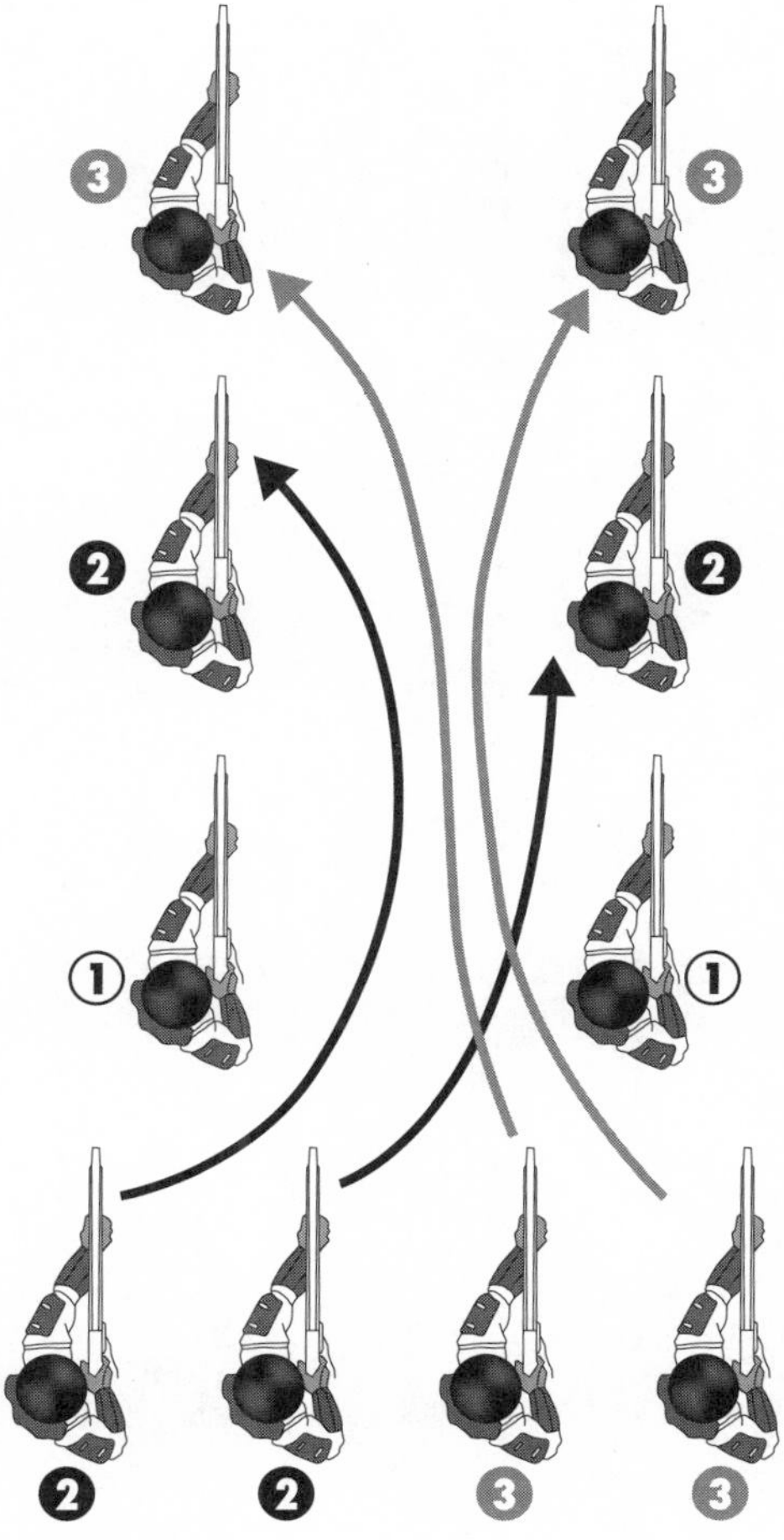

繰抜（繰詰詰開）
いわゆる三段撃ちの一種であり、弾込めに時間のかかる鉄砲の短所を補った戦法。各組が撃ち終えるごとに、後方の組が前進、銃撃する。

の備えについて、大将や武功の士が場先（備えの前）に出て、味方の士が十人ずつ繰抜きに替わり合って鉄炮を打ち出せるように、場配りや前積を究めて、地面に印をつけておくことが大切である。しかし、関ヶ原合戦のとき、九月十五日は早天から朝霧が深く、前後を見分けにくかったため、毎度の戦いのように、鉄炮の前積もなく、あわただしく急いで鉄炮を打ち出してしまったので混雑し、敵の多勢のために揉み合い、惟新様の備えと忠豊《（豊久）》が離れ離れになり、救い合うこともままならず、忠豊の戦死も早すぎた。これは前積のない誤りであると、中書大蔵《（中馬大蔵か）》兵衛がじかに惟新様に申し上げた」

　島津氏の「繰抜」は事前に周到な準備をしたうえで実行されるようになっていた。しかし、豊久が「前積」をしなかったために、鉄砲をわずか二放ちしかできず、ほとんど活用できなかったことを、徳田は批判する。

　もっとも、「前積」をしたからといって、結果が劇的に変わったとは思えないが、徳田が敵のことよりも、味方の大将がしかるべき手を打たず、最善を尽くさなかったことを厳しく指摘しているのは興味深い。後世、「島津の退き口」として称揚される義弘の前進退却戦だが、戦国島津氏の軍法から逸脱しており、戦法の鉄則を無視していたという批判もあったのである。

島津勢、打って出る

すでに石田勢も宇喜多勢も背後に敗走した。島津勢だけが戦場で孤高を保っていた。東軍は両勢を追い崩した勢いで、島津の陣中に矛先を向けてきた。陣中には発砲を禁ずる軍令が出ていた。だから、島津勢は一糸乱れず静まりかえっていた。

島津勢の先手は豊久で、その右備えには山田有栄《ありなが》がいる。豊久率いる先手衆は、すでにいつでも突進する支度ができていた。これまで溜めに溜めた反発力を決戦ではなく、戦場離脱に用いらねばならなくなったが、薩摩兵児《へこ》にとっては、そうした思いは些末なことである。

先ほど述べたように、島津勢はあらかじめ「前積」せず、したがって「繰抜」という鉄炮戦術も採用せず、ひたすら沈黙を守った。豊久が少ししびれを切らしたのか、「時分よきかな」と言って馬上の人となり、弓を手に持った。当年三十一歳とまだ若い豊久はだいぶ気負っていた。その様子を見た赤崎丹後が「まだちと早うござる。膝に敵が懸け上がるくらい寄せつけるべきかと」と制した（「黒木左近兵衛申分」）。

敵が眼前に迫った。赤崎が「時分よく御座候」と告げたので、豊久は再び馬上の人となった。島津の軍法はすでに述べたように武者鉄炮といい、足軽ではなく武士がみな鉄炮を放つ仕組みである。折り伏しているところへ、敵が間近に近づいたと見るや、筒先を揃えて一斉射した。敵がバタバタと倒れる。しかし、その屍《しかばね》を乗り越えて敵が湧くように押し寄せてきたため、次弾を放つ暇がない。敵味方入り乱れてしまったので、鉄炮が役に立たなくなり、鉄炮を腰に差す者、また細引（細めの紐）で琵琶を懸けるように首にかける者、また捨てる者もいたりという有様ながら、みな刀を抜いて前方に打って出た（右同書）。

最初に押し出したのは、豊久の備えに付属された右備えの山田有栄の一手だった。そのなかでも、真っ先に駆け出したのは長野勘左衛門だった。前夜、夜討ちを唱えた男である。義弘が前年正月、北薩出水を加増されたとき、普請奉行として出水に移った。義弘の危急を知り、同郷の中馬大蔵《ちゆうまんおおくら》とともに出水からはせ参じていた。

勘左衛門は敵中に駆け入ると、さっそく敵の首を取り、その鑓や刀も持ち帰り、川上忠兄に見せて「今日の太刀初め」と豪語した。そしてまた敵中に切り入って討死を遂げた（「新納忠元勲功記」）。

有栄の手記によれば、敵味方とも識別のための合い言葉を使っていたが、敵方の合い言葉が「ざい」で、島津方のそれも「ざい」だったため、乱戦のなかでよく敵味方を間違えたという。

同士討ちがあったり、味方と思って安心したところを斬られたりするという場面もあったのだろう（「山田晏斎覚書」）。

島津勢は身軽になろうとしたのか、蛭巻《ひるまき》や削掛《けずりかけ》を打ち捨てて押し出した。蛭巻は太刀の柄・鞘《さや》や長刀《なぎなた》の柄に細長くて薄い金属板をらせん状に巻きつけたもの。これをはずせば、太刀や長刀はだいぶ軽くなる。削掛は柳の枝などを細く削り、先を花のように折り返した棒で、長さ一尺二寸（約三六センチ）以下で、味方の合印に使う。これを二本所持し、一本は後ろの帯に、もう一本は左の脇前に差した（「島津家御旧制軍法巻鈔」下）。

数の少ない島津勢は正面や左右から押し寄せる東軍の大軍のなかに飲み込まれながら、敵味方入り乱れて、もがくように戦った（「黒木左近兵衛申分」）。

「此方《（島津勢）》軍衆、右も左も敵を刈られ候、猛勢入り乱れ、敵味方分かちもこれなく候」

三、四町（三、四〇〇メートル）ほど進むと、敵影が薄くなった。東軍諸勢は西軍首脳である石田三成や宇喜多秀家を追うことに熱中していたのか、島津勢にかまう武将が少なかったのも幸いした。

有栄は常に豊久の馬標《うまじるし》を見てその位置を確かめながら戦っていたが、一息ついて「中書《（豊久）》様はどこにおいでか」とまわりに尋ねた。いつの間にか豊久の姿を失ってしまったらしい。家来の荒木嘉右衛門や上田蔵助が「あとからおいでになるでしょう」と答えると、有栄は「どうしたものか」と豊久の安否が気になり、馬首をめぐらそうとした。嘉右衛門と蔵助が馬の手綱に取り付き、黒木左近兵衛や荒木助左衛門も馬の尾房《おぶさ》に取り付いて引き留めた。

「中書様のお馬があとから参られるのを見たのは間違いない。あとへ引き戻り確かめてみたい」

有栄は家来たちが引き留めるのもきかずに引き返した（右同書）。

そのときだろうか。有栄は赤崎丹後とめぐり合った。赤崎は先ほど押し出すとき、逸る豊久に忠告した人物。義弘の家来で、岩屋城の戦いや朝鮮陣で勇名をはせた。伏見城攻めでも背中に古莚《ふるむしろ》を指物《さしもの》にして戦った。大垣城で石田三成が陣中見舞いにやってきたとき、義弘が赤崎を「この者は国許で武辺に秀でております」と紹介すると、三成が「随分と働き、討死するがよい」と励ましたという（『本藩人物誌』）。

二人がめぐり合ったのは関ヶ原宿口あたりという。すると、豊久の乗馬とおぼしき馬がやってきた。主人は乗っていない。二人が豊久の愛馬に間違いないと近づくと、鞍つぼに大量の血が残っていた。二人は「さては中務殿《（豊久）》戦死疑いなし」と直感した。このうえは、かようなものを見ながら、退くのもどうかと申し合わせ、二人で取って返し敵中に切り入った（「雑抄」）。

義弘、戦死を覚悟

豊久の討死から退き口の直前まで話が戻る。本陣には義弘の周囲に主だった武将が集まり、どの方角に進むべきか評議していた。そこへ家老の長寿院盛淳《ちょうじゅいんせいじゅん》が来て、「この期に及んで談合している場合であろうか。合戦を励まれる方は慮外《りょがい》ながら拙者にお付きあれ」と大声で呼ばわった。これに新納忠増《にいろただます》、その聟《むこ》新八郎忠在《ただあり》、毛利覚右衛門などが応じ、居残って本陣を死守することに決した（「新納忠元勲功記」）。

ところが、義弘も戦死とほぞを決め、退かない気概を示した。豊久が「まことに御家の安危に関わる大切な御身であられるので、なるべくお退きになることがよろしい」と、返す返す諫めた。それにようやく義弘も心を動かして退く決心をした（右同書）。「島津の退き口」は義弘以下一致結束して整然と敢行された印象があるが、それはあたらない。迷いや諦めもあり、紆《う》余曲折《よきょくせつ》したのである。

押し出すことに決まると、義弘は「敵は何方《いずかた》が猛勢か」と尋ねた。馬廻が「東よりの敵が以《もっ》ての外の猛勢でござる」と答えると、「では、その猛勢の中へ掛かり入れよ」と命じたのである（「神戸久五郎覚書」）。

どう見ても形勢は島津方にとってはかばかしくなく、切り抜けられるかわからない。ところが、敵は功名に逸っていたのか、島津勢の脇を通り抜けて、石田・宇喜多の両勢を追いかけていったのは不幸中の幸いだった。

義弘主従は東の方に向かって進んだ。家来たちが「前方に見えるのはみな敵ばかりです。いかがしましょうか」と尋ねると、義弘は「敵ならば切り通るのみ。切り通ることができぬなら、兵庫入道は切腹するだけよ」と答えたので、家来たちは「いずれも承りました」と畏《かしこ》まったという（「神戸久五郎覚書」）。

義弘が東の方に押し出したのは、当初から伊勢街道（南東の方角）めがけて南下したわけではないことを意味する。東方には大垣城がある。同城には義弘と親しい九州の諸大名が詰めていた。義弘は当初大垣入城を考えていたようである。しかし、南宮山の麓あたりで大垣城の本丸に火の手が上がるのが見えて断念したらしい（右同書）。

その途中、面白いいきさつがあった。敵中を切り抜けるとき、供廻の白濱《しらはま》七助が船歌を唄い

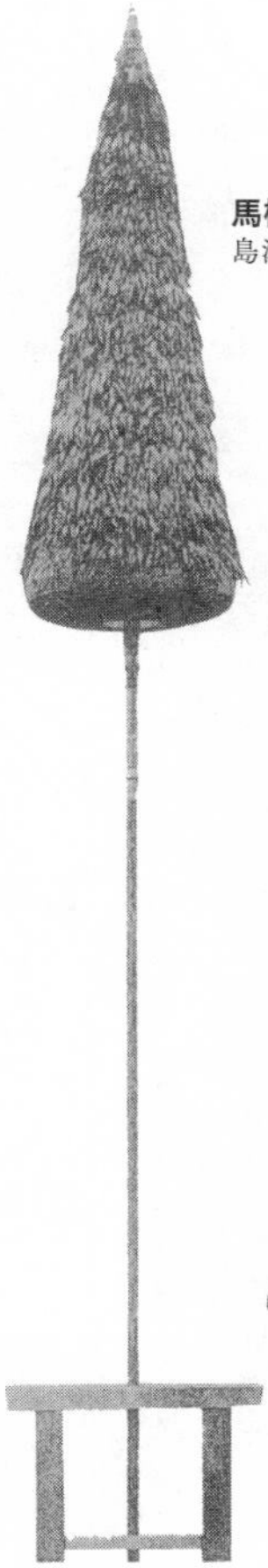

馬標（尚古集成館蔵）
島津勢が自陣に立てた一本杉の馬標。

軍旗（尚古集成館委託品）
藍染に島津氏家紋の丸に十の字を白抜きしてある。島津氏の家紋が「丸に十字」であることはよく知られているが、それは江戸時代になってからで、関ヶ原合戦の頃はただの十字紋だったといわれる。

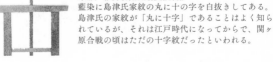

出したので、みんなもつられて唄い出した。それが義弘には気に入らなかったらしい。「殿様御ふくりう《（腹立）》」と、義弘付きの小者が書き留めた（「大重平六覚書」）。義弘ほどの人物なら、むしろ自分も一緒に唄い出しそうだが、怒り出したというのだから、そんな余裕はなかったらしい。前途への不安で頭がいっぱいだったのだろうか。

その間、義弘の周囲にはわずかな供廻しかいなかった。独りその前衛で奮闘していたのが木《きの》脇《わき》祐秀《すけひで》（刑部《ぎょうぶ》左衛門、休作《きゅうさく》）である。祐秀はみずから「薩摩の今弁慶」と称する剛の者。義弘から拝領した長刀《なぎなた》を振り回しながら先頭を駆け、前途を遮《さえぎ》る敵兵を四、五人斬り捨てたかと思うと、また本陣に戻るという具合だった。

その頃、豊久を探しに引き返した山田有栄が義弘の馬標である熊皮の一本杉が揺れているのを見つけたのである。有栄の姿を認めると、祐秀は「殿の御側は別して無人だったので、貴方が御供なされるのは心強い」と大いに喜んだ。有栄は二十余人の浜の市衆を率いており、義弘主従を守って伊勢街道をめざした（「新納忠元勲功記」）。

豊久と長寿院盛淳の最期

退き口は当然ながら、多くの犠牲を伴った。とりわけ、副将格の豊久と家老の長寿院盛淳の戦死は壮絶だった。

豊久は関ヶ原盆地から南に抜ける伊勢街道沿いの烏頭坂《うとう》で討死したというのが通説で、同坂の脇には豊久の供養碑も建立されている。また一説によれば、豊久は重傷を負って上石津《かみいしづ》の柏木村あたりで息絶え、近くの瑠璃光寺《るりこうじ》（現・岐阜県大垣市上石津町上多良）に埋葬され、「島津塚」と呼ばれたと伝承されている（『倭文麻環《しずのおだまき》』上）。同寺には豊久のものとされる墓や位牌が現存している。

しかし、先に見たように、山田有栄と赤崎丹後は関ヶ原宿口あたりで、豊久の乗っていた馬を見つけたという説もある。中世から戦国時代の関ヶ原宿の場所はどこなのか不明だが、江戸時代の中山道の関ヶ原宿は関ヶ原盆地のほぼ真ん中にあり、現在の関ヶ原町の中心部にあたる。このあたりで豊久が討死したならば、伊勢街道をめざすも、烏頭坂よりだいぶ手前で力尽きたことになる。

なお、豊久が関ヶ原盆地で討死を遂げたのが確実なことを示す史料がある。家康に島津氏の

島津豊久供養碑

豊久が戦死したといわれる烏頭坂（岐阜県大垣市）に立つ豊久の供養碑。烏頭坂は伊勢街道で関ヶ原を抜けたところにある。生還した者の中に、豊久の最期を知る者はおらず、戦死の地は謎に包まれている。

島津豊久の菩提所とする瑠璃光寺

重傷を負った豊久は、烏頭坂の先にある瑠璃光寺（岐阜県大垣市上石津町）まで逃げのび、樫原あたりで息絶えたという伝承も残っている。瑠璃光寺には、豊久の墓とされるものや位牌が現存している。しかし、あくまで伝承の域を出ない。

取次を命じられた家臣の山口勘兵衛直友という人物がいる。庄内の乱や関ヶ原の合戦後の和睦交渉などで南九州の島津氏領国まで派遣されたこともあり、義久・義弘・忠恒はじめ、主だった一門や重臣と何度も顔を合わせていた。当然、豊久とも顔見知りだった。

直友は元和《げんな》八年（一六二二）九月に他界したが、徳川期の編年史料である『大日本史料』十二編之四八に収録された直友の卒伝（故人の略伝）に興味深いことが書かれている。合戦が終わったあと、東軍諸将が家康の本陣近くに集って首実検の儀式が行われた。そこに集められた西軍将士の首級のなかに豊久のそれとされるものがあったが、ほとんど豊久の顔を知る者がいない。そこで、家康が直友を召し出して確認させた。

「その首に、勘兵衛様（直友）を召させられ、（家康が）見知り候かとお尋ねに成られ候、中務（豊久）首に疑い御座なしと、仰せ上げられ候」

家康から豊久の首かと確認を求められた直友は「疑いなし」と答えたのである。

このことは豊久の討死した場所が関ヶ原盆地内の戦場だったことを示しており、盆地からだいぶ離れた上石津での死去説を明確に否定している。

豊久の最期の様子はよくわからない。退き口で生き残った者たちの覚書や書上にも豊久の最

紺糸威腹巻（個人蔵・尚古集成館委託）
豊久が戦死した際に着用していたといわれる鎧。鑓で突かれた跡や刀傷がいたるところに残っている。当時、腹巻は時代遅れとなっていたが、それを敢えて用いており、家の歴史に誇りを抱いていた豊久の心情がうかがえる。

期をうかがわせる記事はない。主従もろとも討死してしまったからだろうか。

　のちの記録によれば、豊久は中村源助・上原貞右衛門・冨山庄太夫・以下十三騎で東軍の大軍のなかに駆け入り戦死したという。敵は福島正之（正則の養子）だった。その首級《しるし》を挙げたのは小田原浪人の笠原藤左衛門という（『本藩人物誌』）。

　家老の長寿院盛淳も豊久以上に壮絶な死を遂げている。その場所は豊久同様によくわからなかった。しかし、すでに見たように、盛淳は義弘の本陣に居残ることを高言している（「新納忠元勲功記」）。これは討死を覚悟した義弘を撤退させるためであり、当然、自分がその身代わりになって討死するつもりだったのだろう。盛淳は義弘から具足・羽織・甲を一揃え拝領していたが、当然これを着して決戦に臨んだ（「井上主膳覚書」）。

　盛淳と共に本陣に残ったのは、新納忠増・同忠在・島津久元（忠長嫡男）・毛利覚右衛門などだった。手勢は合わせて二、三〇〇といったところだろうか。一斉に抜刀して殺到してくる敵を迎え撃った。敵は七〇〇人ばかりが二度にわたって攻め寄せてきた。一度目は撃退したが、二度目は「大乱」になり、兵の多くが背後の「堀」に逃げ込んだ。味方の怯懦《きょうだ》に盛淳が激怒して大声で叫んだ（右同書）。

「薩摩まで五百里もある。たとえ逃れても遠い。（逃げた者は）いずれも面《つら》を見知っているぞ」

すると、長崎隼人という武士が盛淳の馬のそばまで戻ってきて、「少しも未練は申しませんと悔悟《かいご》して告げた。盛淳はまわりの家来たちに尋ねた。

「殿様はどこまで退かれたか」

すると、家来たちがみな「敵陣を押し分け、お退きなされました。もはや遠くまで行かれております」と答えた。盛淳は「さてはめでたい。あとは我が名代となって討死するばかりだ」と語ったという。

記主の井上主膳は盛淳の家来でそば近くにいたから、これらのやりとりは確かだろう。しかし、主膳はそのあと鑓数本に突かれて深手を負って盛淳のそばを離れたので、その最期の様子を目撃していない。主膳は幸運にも帰国できたが、あとで一緒に戦って生き残った蒲生衆に聞いたところ、三度目の合戦となったとき、盛淳は「嶋津兵庫頭死に狂い也」と、義弘の名を名乗り、大勢に鑓を突き立てられて討死したという（右同書）。

このとき本陣に残った者は全員討死したわけではない。主だった者では盛淳のほか毛利覚右衛門は討死を遂げたが、新納父子や島津久元は無事に帰国している。いずれにせよ、盛淳が身代わりになって義弘だと高言して討死したことは、その後、期せずして義弘の帰国を助けることになる。

井伊直政はどこで狙撃されたか

「島津の退き口」で、井伊直政（上野国箕輪《みのわ》一二万石）に触れないわけにはいかない。通説では、直政は家康の命で島津勢を厳しく追撃したところを銃撃されて負傷したといわれている。

たとえば、義弘の従軍記には、押し出した義弘主従が福島正則勢をかすめて通過したのち、伊勢街道を南下するが、井伊直政が松平忠吉とともにそれを追尾したところを銃撃されて負傷し、落馬したとしている（「惟新公関原御合戦記」）。

また徳川方の史料も、騎乗した義弘を真ん中に二〇〇人ばかりが退いているのを直政が見かけて、「是非兵庫頭《（義弘）》とくみ《（組）》候はんとのり廻しく〳〵」しているとき、五間（約九メートル）離れたところから狙撃されたと書いている（「慶長記」）。状況がやや不明だが、義弘主従が退却しているところに攻めかかったということだろう。

しかし、直政が銃撃された場所については異説がある。まず、島津方の筆者不詳（家老の伊勢貞成かその周辺か）の書上によれば、松尾山を攻め下った小早川秀秋勢が大谷吉継勢を撃破したことを述べたのち、次のように記す（三―一三四〇号）。

「然る処に関東騎馬武者が大道に追い来たったのを惟新様がご覧なされて、大野正三郎に彼の武者を撃ってみよと仰せ付けられた。四匁玉の持筒《もちづつ》（義弘直轄の鉄炮）で猪の毛やすりをすったのを下された。（大野は）右の鉄炮を頂戴して、備えの前に進み出て、右の武者二、三騎を射落とした。この時、井伊掃部（直政）殿も正三郎の鉄炮にお当たりになったと申された」

これによれば、義弘はまだ退き口に移る前で、小関村の本陣にいるときである。直政は家康御曹子《おんぞうし》で女婿の松平忠吉を奉じて、この日の先手だった福島正則勢に偽って、忠吉初陣の物見と称して最前線に抜け駆けし、西軍（島津方とも宇喜多方とも）に向かって発砲した。徳川勢が開戦の口火を切るのが目的だったといわれている。つまり、直政は忠吉とともに前線に近いところに布陣していたのは間違いなく、西軍の敗走によって、東軍先手の諸勢が競って追撃に移ったとき、直政も負けじと前進して島津勢の前を通過したところを銃撃されたと考えられる。

この書上でもうひとつ面白いのは、直政を狙撃したのは通説でよく知られた柏木源藤《かしわぎげんとう》ではなく大野正三郎としている点である。義弘の持筒を使ったところをみると、大野はおそらく義弘の被官だろう。義弘じきじきの指名だったのはよほどの名手だったに違いない。

　直政狙撃については、もうひとつ有力な証言がある。石田三成が敗走して、島津勢の陣所が四方から東軍に取り囲まれた状況で、義弘の本陣には旗本衆五、六〇人が一所に集まって一合戦しようと決めていたところに、直政が騎乗して押し寄せてきた（「帖佐彦左衛門宗辰覚書」）。

「敵の大将飯侍従殿（井伊直政）と見て、黒馬に大総《おおぶさ》を掛けさせ、白糸威《おどし》に小銀杏《こいちょう》の前立を付けた甲を着けて、長刀を抱えて片手を縄（手綱か）にかけ、義弘様の御前近くまで馬を乗り入れて大音声で言うには、『どうして手間どっている。兵庫（義弘）を打て』と呼ばわったところ、川上四郎兵衛殿の被官柏木源藤が進み出て、鉄砲の大きな音をあげて大将の胸板上巻（総角《あげまき》）を撃ち通せば、馬から下にどっと落ちた。敵の軍兵は大将が撃たれたのを見て驚き、あわてふためいた。殿様（義弘）はそれをご覧になって『時は今だ。早く切り崩して通れ』とのお下知で、大勢の真ん中を切り通した」

　ここでも、直政は義弘の本陣の前で狙撃されて落馬している。違うところは狙撃者が柏木源藤だとする点である。

　帖佐宗辰は義弘の古くからの家臣である。義弘が上方での経費を賄《まかな》うため、摂津・播磨両国に在京賄料《まかない》として一万石を与えられたが、その代官をつとめている。また伏見屋敷で忠恒が伊集院幸侃を殺害したとき、その急報を義久に伝える密使となって国許に下向している。関ヶ原合戦でも義弘のそば近くにいて無事に帰国しているので、この覚書はある程度信がおけるだろう。

なお、直政の負傷部位だが、井伊家の史料によれば、玉は鎧の右脇に当たったが、頑丈だったため貫通せずにはね返り、右腕にあたった。直政はこの痛手に鐙を落とし、苦痛のため落馬したという（「井伊慶長記」）。

以上から、直政が負傷するまでのいきさつは通説と異なる状況だった可能性がある。直政は島津勢の陣所近くでその前面に立ちふさがったところを狙撃されたのである。このことは同時に、退き口に移った義弘主従は組織だった追撃を受けていない可能性が高いことを示している。

後日談になるが、直政は戦後、家康と島津氏の和睦交渉に奔走している。翌慶長六年（一六〇一）三月、直政は義弘・忠恒父子に書状を送り、和睦成立のために義久の上京を促し、自分が島津家のために働くことを伝えている。「何もお気遣いはいりません。そのうえ、秘密の約束や表裏の隠し事もありません」とも書いており、誠意にあふれている（三―一四七七号）。

また直政自身が負傷させられたにもかかわらず、島津の退き口を絶賛しているのが面白い。退き口の途中東軍に捕らえられて在京していた義弘家臣の本田助允《すけのじょう》に語ったところによると、「今度お退きなされ候始末比類なし、ごほうび以《もっ》ての外《ほか》に候」と語ったという（三―一四三四号）。

井伊直政銅像
JR彦根駅（滋賀県彦根市）駅前にある、井伊直政騎馬像。直政は関ヶ原合戦の鉄炮瘡がもとで、慶長7年(1602)、近江国佐和山で死去した。

関ヶ原合戦図屏風〔部分〕（関ヶ原町歴史民俗学習館蔵）
関ヶ原合戦図屏風に描かれた島津勢。決死の敵中突破で関ヶ原を脱出する様子が描かれている。画面中央に騎乗する義弘がいる。左端は一本杉の馬標か。周囲には丸に十字の旗が翻っている。

直政の戦国武将らしい潔さと人柄を感じさせる逸話だが、合戦から一年半後、直政は帰らぬ人となった。時期から考えて、狙撃での負傷が原因だったと思われる。

なお、直政の僚将、本多忠勝も愛馬を島津勢に鉄炮で撃たれたという（『譜牒餘録《ふちょうよろく》』上、巻二十九）。

「関原《せきがはら》、忠勝名馬に乗り、以て先陣を進み力戦す、島津兵鉄炮を放ち、忠勝の馬に中《あた》る、梶《かじ》金平《きんぺい》おのれの馬を以て忠勝に授く」

愛馬を撃たれた忠勝は家来の梶金平の馬に乗り換えた。忠勝の愛馬は「三国黒《みくにぐろ》」という黒毛で、徳川秀忠から拝領したものだった。もっとも、この記事だけでは忠勝が銃撃された場所がどこなのか不明である。

義弘、戦場から離脱する

義弘主従が山田有栄と合流したのちのことだろうか。

大垣城行きを断念した主従は大きく南に進路を変えた。伊勢街道をめざしたのである。その場面を描いた一節がある（「惟新公関原御合戦記」）。

「関東の軍兵が左右に分かれ、敗軍を追って伊吹山に赴いた。義弘は軍列を整え、進んで福島左衛門大夫正則の軍へと向かった。正則は戦いを挑まず、ゆえに正則がたむろするところの前路を横に過ぎて、本道に突出、『えいとう、えいとう』の声を出して、軍を進めた。しばらくして、井伊直政が松平忠吉とともに、一〇〇騎ばかりの兵を指揮し、義弘の軍を尾撃して急に迫ってきた。義弘家臣の後醍院《ごだいいん》喜兵衛《きべえ》・木脇休作らがしんがりして防ぎ戦った」

　有名な場面だが、すでに見たように、義弘が腹を切るか撤退するか迷ったことや、一度は東方、つまり大垣方面に突出したことなどは省略されていて、一目散に伊勢街道をめざしたことになっている。義弘の事績を顕彰する伝記だから致し方ないかもしれない。また、直政は忠吉とともに義弘主従を追撃したことになっているが、これもすでに見たように事実とは異なる。

　猛将の福島正則勢の横をすり抜けていったというのと、ほぼ同様の別の証言もある。

「敵の間が四、五間（約七・二～九メートル）になるまでは、とにかく何事もなかったように近づき、距離が三間（約五・四メートル）ばかりになったとき、皆々一斉に刀を抜き、えいとうと声を上げて切り通った」（「神戸久五郎覚書」）

　敵がだれだか書かれていないが、福島勢だったかもしれない。福島勢は中山道と伊勢街道の辻のあたりに布陣していたと思われるから、地理的にはぶつかってもおかしくない。なお、「えいとう」というかけ声は、先に述べた白濱七助らが唱った船歌だったかもしれない。

ようやく危難を免れたと思ったのもつかの間、一難去ってまた一難、今度は何と、徳川家康の本陣とぶつかりそうになったのである。家康はこの日早暁《そうぎょう》、南宮山《なんぐう》の西麓の桃配山《ももくばりやま》に本陣を置いていた。家康は合戦たけなわの頃、督戦のために桃配山から本多忠勝の陣所まで前進し、勝ちを確信すると、中山道を不破関《ふわのせき》方面に進んで、関ヶ原盆地の中央に出ようとしていたのである。先頭を進む山田有栄は家康の本陣だと察知した（「山田晏斎覚書」）。

「然るところに、内府《（家康）》様の備えがこちらが通ろうとする道筋に出てこられた。一大事に見えたけれども、どうやら沢山《（佐和山）》街道のほうにお通りなされたので、別条なかった」

つまり、北国脇往還を南下する義弘主従と、中山道を佐和山方面に西進する家康本陣とが遭遇したのである。しかし、家康本陣が通るのをやりすごしたので事なきを得たのだろう。

一説によれば、このとき、義弘は訣別の挨拶のため、家康の本陣に川上忠兄を使者として遣わし、次のように告げたという（「新納忠元勲功記」）。

「思いがけなく出陣となり、（家康に味方するという）自分の本意に背き、ただ今ご陣頭を通

郵便はがき

お手数ですが
切手を
お貼りください

150-8482

東京都渋谷区恵比寿4-4-9
えびす大黑ビル
ワニブックス書籍編集部

お買い求めいただいた本のタイトル

本書をお買い上げいただきまして、誠にありがとうございます。
本アンケートにお答えいただけたら幸いです。
ご返信いただいた方の中から、
抽選で毎月5名様に図書カード（500円分）をプレゼントします。

ご住所　〒 TEL（　　-　　-　　）	
（ふりがな） お名前	年齢 歳
ご職業	性別 男・女・無回答
いただいたご感想を、新聞広告などに匿名で使用してもよろしいですか？（はい・いいえ）	

※ご記入いただいた「個人情報」は、許可なく他の目的で使用することはありません。
※いただいたご感想は、一部内容を改変させていただく可能性があります。

●この本をどこでお知りになりましたか?(複数回答可)

1.書店で実物を見て　2.知人にすすめられて
3.SNSで(Twitter:　Instagram:　その他　)
4.テレビで観た(番組名:　)
5.新聞広告(　新聞)　6.その他(　)

●購入された動機は何ですか?(複数回答可)

1.著者にひかれた　2.タイトルにひかれた
3.テーマに興味をもった　4.装丁・デザインにひかれた
5.その他(　)

●この本で特に良かったページはありますか?

[　]

●最近気になる人や話題はありますか?

[　]

●この本についてのご意見・ご感想をお書きください。

[　]

以上となります。ご協力ありがとうございました。

過します。委細は他日を期す所存です」

退き口の中途で、敵の総大将たる家康に挨拶する余裕があるのかという素朴な疑問はある。もしこのとおりなら、やはり合戦前、義弘が家康に親近感を抱いており、何も告げずに帰国するのは心苦しいと感じたともいえる。その一方で、これらの記録は後世に成立したものである。義弘は家康に敵対する意志はなかったとして、幕藩体制下で生き抜かねばならない島津氏のボタンのかけ違いを正当化する言説、いわば、島津史観が形成されたといえなくもない。

その後、南宮山南麓を通過するとき、栗原村あたりに布陣して前途に立ちふさがる形になっている長束正家や長宗我部盛親の陣所に家老の伊勢貞成を派遣して様子を探らせた。両勢が敵か味方か去就が不明だったので、貞成はもし敵なら中に駆け入って討死する覚悟、もし味方なら、「ざい」を振って合図すると取り決めた。貞成が長束陣中に入ると、采を振ったので味方と判明し、無事通過できたという（「山田晏斎覚書」）。

こののち、伊勢街道へと南下しているときだろうか。東軍の大軍に遭遇して切り抜ける様子を貞成が述べている（三―一三四〇号）。それによれば、谷川（藤古《ふじこ》川か）に出たとき、馬印や相印がいかにも目立つので、お忍びで進んだほうがよいのではないかということになり、馬印を切り(采)折り、相印・刀の鞘・蛭巻などを川で洗ってから、「大道」(中山道か)に出た。すると、東軍の諸勢がおびただしく通過しているのにぶつかってしまった。

おのおの「味方の小勢では、あの大勢のなかを通り抜けるのは難儀だ」と言上したら、義弘が「この期に及んで、もはや方便もないから、ただ突き崩して通るしかない。それでも、みなが無理だというのなら、切腹するしかない」と答えたという。

「このお言葉でいよいよ勇を振るい、野原の細道からしずしずと大道へ寄り、道端に到ると、おのおの声をあげて大勢の中を横に切り通した。このとき、敵は油断していたのだろう。味方を一人も損せず、敵の人数ばかりを切り崩した。このときは、殿様もお馬から下りて、歩行なされた」(右同書)

これは中山道を西の不破関方面に向かう東軍の軍勢を突き破って逃走したことを述べているのだろう。敵の油断もあって、義弘主従は幸運にも切り抜けることができた。

かくて、義弘主従は幾多の犠牲を払いながら、戦場を離脱することに成功した。しかし、前途にはまだ多くの困難が待ち受けていた。「退き口」は始まったばかりだった。

第五章——島津勢の退き口ルートを探る

駒野峠越え

義弘主従は幾多の犠牲を出しながら、関ヶ原盆地から伊勢街道を一路南下した。途中、撤退しようとする長宗我部盛親や長束正家の軍勢と遭遇し、前途を塞がれることになった。その頃には東軍の追撃を振り切っていたのだろう。

両勢に敵対の意志がないことを伊勢貞成が確認したことはすでに述べた。その際、どちらが先に撤退するか話し合い、長宗我部勢が大勢なので混雑して時間がかかるから、義弘主従が先に撤退することになった（「山田晏斎覚書」）。また正家が親切にも道案内のために一騎を付けてくれた。正家は関ヶ原から比較的近い近江水口《みなくち》城主である。義弘主従よりこのあたりの地理に詳しい家来を抱えていたのだろう（「惟新公関原御合戦記」）。

義弘主従が養老山地東麓の駒野坂（現・岐阜県海津市南濃町駒野）に達したのは合戦当日十五日の夜六ツ半（午後七時頃）だった。ここから義弘主従はなぜか進路を変更し、平坦な伊勢街道ではなく養老山地を横切る駒野峠越えを選んだ（右同書など）。

すでに敵の追撃を振り切っているから進路を秘匿する必要もない。なぜなのだろうか。進路変更の理由はよくわからないが、駒野の先には東軍方の高須・長島などの諸城があり、その勢力圏に入るのを避けたのだと思われる。

山中に分け入った義弘主従が駒野峠に達したのはその日の四ツ時分（午後十時頃）で、もうまっ暗だった。付き従う人数は不明だが、五〇人程度だったかもしれない。駒野峠越えの前に地元民に五〇人ほどの賄《まかな》いを頼んでいるからである。

義弘は駒野峠を登るとき、供廻の者たちに具足を脱ぎ捨てるよう命じた。これからの長い道中、重い具足が兵たちの体力を奪うことを気遣ったのだが、だれもそれには応じなかった。峠に登りきってからも同じ命を下したが、またしても応じない。すると、義弘自身が鎧を脱いで、「捨てよ」と命じた。そのとき、そばに侍していた道具衆（足軽）の横山休内《きゆうない》が「主君の甲冑を原野に捨てるのは忍びない。畏《おそ》れ多いけれども、我に下され給え。これを着て死生存亡を共に致したい」と拝領を願い出たので、義弘がこれを許すという一幕もあった（右同書）。

身軽になった義弘は改めて花色の木綿合羽《かつぱ》を着け、同色の木綿の手拭いで髪を包んだ。そして馬の鞍を馬の名手で知られる矢野主膳《しゆぜん》の鞍と取り替えて再び馬上の人となった（「山田晏斎覚書」）。義弘の鞍が傷んでいたのだろうか。入道になったはずだが形だけだったのか、義弘は髪があったらしい。その夜、義弘主従がどこに宿泊したか不明である。峠の上か、峠を下りた西麓（現・岐阜県いなべ市北勢町あたり）だろうか。
ともあれ、義弘主従にとって長い長い一日が終わった。

義弘主従は近江高宮に出ていない

翌九月十六日早暁、義弘は長束正家が付けてくれた道案内の武者に礼を述べて返した。あとは自分たちで進むだけである。

さて、問題はその後の義弘主従の進路である。筆者は伊勢街道を南下したと考えているが、一般には近江高宮《たかみや》方面に出たと理解されている。近江高宮へのルートも二通り考えられる。すなわち、①牧田→多良→五僧《ごそう》峠→保月《ほうげつ》→高宮、②駒野→水口である。

①の典拠が何なのかよく知らないが、そのひとつは江戸中期の薩摩藩士得能通昭《とくのうみちあき》が宝暦年間（一七五一～一七六四）に著したと思われる「西藩野史《せいはんやし》」に「土岐多羅山《ときたらやま》に入る」とあることかもしれない。

「土岐多羅山」とは、現在の岐阜県大垣市上石津町にある上多良《たら》・下多良や時《とき》・時山《ときやま》といった地名を指していると思われる。この山道を西に行くと、美濃と近江の国境をなす五僧《ごそう》峠がある。

五僧峠は別名、島津越とも呼ばれているから、いかにも義弘主従がここを通過したことを思わせる（島津越は遅くとも江戸後期、寛政年間にはそう呼ばれている）。五僧峠を近江側に下ると滋賀県多賀町に出る。近江高宮は多賀町にある。

だが、「西藩野史」の記述は合点がいかない。これまで何度も引用してきた生き残った者たちの手記にはこのルートを通ったという記述は見当たらない。いずれも伊勢路を通ったとする点で共通している。

②の典拠は義弘の伝記「惟新公関原御合戦記」の記述である。同記には駒野峠を越えて一泊したのち、「同十六日江州水口に出」とある。この記述は簡略すぎて、駒野峠から水口までどのようなルートをとったかは省略している。その点を考証しないまま、高宮から近江路を南下して水口に至ったという臆測を生んだのだろう。実際には、のちに述べるように、義弘主従は伊勢路を南下したのち、鈴鹿峠を経由して土山に至っているのである。

もっとも、ややこしい話だが、近江高宮に義弘主従と思われる一行が逗留した形跡がないわけではない。岐阜城主の織田秀信に仕え、近江高宮近くの河瀬茂賀山《かわせもがやま》城を領していた小林新六郎正祐《まさすけ》なる武士が島津家の人々を案内したという伝承を書き留めた家伝がある（小林弘・一九八五)。

それによれば、伊勢街道の近くを流れる牧田川(その支流の藤古川《ふじこ》)を遡って、牧田村→一ノ瀬→土岐→下多羅(下多良)→上多羅(上多良)から山地に入り、五僧→保月→八重練《やえねり》を経由して多賀荘に着く。そこから多賀街道を通って中山道の宿高宮のはずれに着いたという。

高宮に着いたときが九月十五日夕刻だったというが、合戦当日の夕刻までに高宮にたどり着くのは時間的に到底無理である。筆者は駒野峠越えから五僧峠を越えて高宮まで歩いた経験があるが、途中で一泊しないと無理だった。義弘主従がいかに健脚でも不可能である。何より、すでに述べたとおり、右のルートは島津側の史料が述べる駒野峠越えとは大きく食い違っている。

それはともかく、話を先に進めると、この小林正祐の子孫宅には「薩摩　忠平」なる署名の付いた感状が残っている。それを紹介しよう(右同書)。


今度《こたび》、山路御案内、ほう(保)月むら(村)にて御働き、高宮河原にて寄宿、兵粮《ひょうろう》召し下し候いたし方神妙の至り也、当座の印に持参の渡筒《わたしつつ》・鉄炮相送り候、治国の上、申し出《い》でらるべく候、其の沙汰に及ぶべき者也、

退き口ルート①　関ヶ原→信楽
関ヶ原を脱出した島津勢は、大坂をめざす。義弘とはぐれた者たちもいて、それが後世、退き口ルートの複数説となった。

九月十五日夕

薩摩

忠平（花押）

小林新六郎殿

大意は、小林新六郎という武士が「忠平」一行を保月村あたりの山道から案内して近江高宮に宿泊させてくれたので、「忠平」が御礼として鉄炮などを贈り、和平となってから申し出てくれれば、相応の処置をすると約束する内容である。

一読してまず疑問に思うのは「薩摩　忠平」という差出人の署名である。「忠平」は義弘の初名で若い頃に名乗っていたものである。もし本人が身許《みもと》を隠さずに署名するなら、「維新」か「兵庫入道」あたりではないかと思われる。百歩譲っても「義弘」だろう。

義弘主従が高宮に立ち寄ったから、「忠平」を義弘だとするわけだが、まず義弘本人でないことは確実である。「九月十五日夕」という日付もすでに述べたようにおかしい。その時間帯に高宮にたどり着くのは無理である。また著者小林弘氏が認めているように、「忠平」の下の花押は義弘のものとは似ても似つかない代物である。だれかが適当に書いたものだろう。

鹿児島・伊集院町の関ヶ原踏破隊
上・時山あたり。伊勢街道沿いの牧田から山中に入るルートの通過点（岐阜県大垣市上石津町時山）。この先に五僧峠や高宮がある。著者が参加したときの踏破行には学研「歴史群像」編集部（当時）のスタッフも同行した。下・五僧峠（島津越）。近江・美濃・伊勢の国境にある難所。義弘とはぐれた新納旅庵らが通った可能性が高い。

そうであるなら、この感状は偽文書か、後述するように、島津家中の者が書いたのだろう。ただし、後者の場合は義弘一行ではなく、義弘の本隊から乱戦の中ではぐれた連中が、いかにも義弘を装って書いたものだと考える。

その後の「退き口」ルート

義弘主従が駒野峠越えから近江高宮に出ていないことを確認した。それではどの方向に向かったのか。

手はじめに島津氏研究では定評のある山本博文氏の説を見てみよう。山本氏はその著書で退き口経路図を付けているが、関ヶ原→高宮→水口→関→伊賀上野→信楽《しがらき》というルートになっている。これは先に述べた理由から、ありえないルートである。山本氏はさらに「大重平六覚書」を引きながら、本文で付図よりもさらに具体的に述べている（山本博文・一九九七）。

「一行は、伊勢方面をめざして進み、鈴鹿峠を越え、合戦当日（十五日）夜の六つ時分（午後六時ごろ）におそらく伊勢の関についた。そこから駒野の坂へ向かい、四つ時分（午後十時ごろ）に駒野峠にいたった」

これは明らかに錯誤がある。後述する大重平六の手記にはそのように書かれていない。山本氏は駒野峠の位置を錯覚していて、伊勢の関（関地蔵）よりも南にあると思い込んでいる。だが、駒野峠は養老山系にあるのは確実で、関よりずっと北、関ヶ原寄りにある。また山本説では合戦当日の夕刻には関に達したことになるが、関ヶ原から関まで直線距離だけで優に八〇キロ、実際は一〇〇キロを超すだろう。半日で着くのは時間的に無理である。

いずれにせよ、山本説では、義弘主従は関ヶ原から伊勢の関まで行き、なぜか大きく引き返して駒野峠を越えるという、ありえそうもないルートをとったことになる。同氏の島津氏研究には少なからぬ学恩を蒙っているが、退き口に関してだけはいただけない。

従軍兵士たちの手記のなかに、そのルートや行き先を述べたものがある。結論からいえば、明らかに伊勢路を南下している。いくつか見てみよう。

「夫《そ》れより伊勢・近江・伊賀をお通り候」（「大重平六覚書」）。

この通過順序が重要である。「夫れより」とは駒野峠越えを指す。それからまず伊勢を通過したとあるから、やはり近江高宮には出ていないことになる。なお、平山九郎左衛門も同様に述べている（「黒木左近平山九郎左衛門覚書」）。

もっと具体的に日を追って、泉州堺や大坂にたどり着くまでを書いた手記もある（「桐野掃部《かもん》覚書抜書」）。

十五日：「その場《（関ヶ原）》より駒野越のよふ《（様）》に御供申し候」
　※注　「よふ《（様）》」とは薩摩弁の慣用語で方向、方角の意味である。
十六日：「明くるの十六日には伊勢路の様に御供申し候」
十七日：「夜白《やはく》三日伊勢国土山《（ママ）》までのけ申し候、同十七日の夜、伊勢《（近江カ）》の内森《（守カ）》山の在所に米お求めあるべき由にて、お使いに参り申し候」
十八日：「伊賀国の内川はたのよふ《（様）》に御供申し候事」
十九日：「和城《（大和・山城）》の国かきか《（峡崖カ）》越の様に御供申し候、その夜飯森《（盛）》の在所へ御宿なされ候」
二十日：住吉棚《（田）》辺屋所より坂井《（堺）》まで見聞として仰せ付けられ参り候」
二十一日：「御舟に乗り、御国元帖佐まで御供申し届け候」

これらにより、義弘主従がたどった行程は大筋で明らかである。すなわち、十六日、駒野越えから伊勢路をとった。十七日、関地蔵から鈴鹿峠を越えていったん近江土山まで達した。義弘が京都に入るつもりだったからである。しかし、すでに家康が入京したという噂が流れていたので、入京は無理と判断して関地蔵まで引き返している（「神戸久五郎覚書」）。

翌十八日には伊賀国に入り、伊賀上野の城下を抜けて再び近江国甲賀郡に入り、信楽（伊賀国と間違えている）を通過している（「新納忠元勲功記」）。それから上山城（山城国南端）の山間部か大和国を通過して摂津住吉の田辺屋道与《どうよ》宅までたどり着くというルートをとったと考えて間違いない。

飢える義弘主従

十五日申《さる》の刻（午後四時頃）だというから、駒野峠越えの前だろうか。義弘主従も追っ手の心配をしなくてよくなったから、安心して空腹を覚えたのだろう。帖佐彦左衛門が食料の調達を命じられた。その理由が京都に数年暮らしたことがあるから不審がられないだろうということだった（薩摩訛りがないという意か）。その顚末《てんまつ》を紹介する（「帖佐彦左衛門宗辰覚書」）。

彦左衛門は家来・郎党数人を連れて、近くの村に入った。そして五〇人ほどの賄いを村人に頼んだところ、意外と快く引き受けてくれた。賄いが出来るのを待っている間に、付近を巡回して警戒していたところ、ある小さな家に多数の人が集まって談合しており、「宵の間か暁か」というささやき声を聞きつけた。彦左衛門にはよく聴きとれなかったので、供の大町与市を家に近づけて聴きとらせたところ、大それた謀議の真っ最中だった。

そのため、彦左衛門はひとまず退こうと思い、馬を村のはずれに出した。そして賄いをしている亭主に、後続の仲間が後れているから呼びに行ってくると言い捨て外に出てみると、畑のそばに義弘主従が通過した目印の折れた竿が立ててあった。彦左衛門が一町（約一〇〇メートル）ほど行ってみたら、はるか遠くに姿が見えた。後れてはならじと思い、馬を引き寄せて乗って先を急いだ。

すると、方々の村々から村人が出てきて「漏らすな、討て」と罵りながら彦左衛門を阻止しようとした。彦左衛門は刀で切り払って通り抜けたが、走ってあとを追ってきた供の藤崎後藤兵衛・大町与市・大堂三吉・野元源次郎、中間の荒助はそのうちくたびれてしまい、村人に追いつかれて袋だたきにあった。彦左衛門は不憫《ふびん》だと思ったが、自分は殿様を守護する役目があるからと馬を急がせ、ようやく義弘主従に追いついた。

彦左衛門は一〇人の従者を率いて参陣していたが、そのうち三人は戦場で打ち殺され、二人は行方不明になった。残る五人も村人たちにたたき殺されてしまったのである。

彦左衛門の証言はつづく。翌十六日、また通りがかりの村に食料調達に出かけた。そして次のように頼んだ。

「相模国の者（徳川方という意か）だが、昨日の合戦で負けた石田方の残党を追っている。このあたりははじめて通るから、道に迷って夕べは野宿したので飯を食っていない。五〇人ほどの賄いとして粥《かゆ》を用意してくれないか。望みどおりに金は出す。どうだ」

村人はお安いご用だと引き受けて粥を炊いた。粥が出来るまでの間、人目を気にして義弘を菜籠《なかご》積みの中に隠した。粥が出来てからも、義弘をわざと座敷には座らせず、土間の隅に置いて、まるで供廻のように扱った。代金として彦左衛門が所持していた銀子一枚を亭主に渡したという。主君たる義弘を粗末に扱ったことを「天も免《ゆる》し給え」と彦左衛門は祈ったという。

翌十七日だと思われるが、やはり食料調達で似たような逸話がある。今度は山田有栄が主役である（「黒木左近兵衛申分」）。

御供衆がくたびれ果てたので、村で食事を作らせようと一人を先に遣わしたところ、村人が引き受けてくれて、「きりよせ」（天井裏か）に上って家を明け渡した。そして「きりよせ」から米を運んで、黒米（玄米か）で食事を作った。御供衆はみな庭で食べたという。

ところが、代金を払う段になって、義弘の所持する「御遣銀《おつかい》」がないということがわかった。そこで有栄が自分の太刀の金造りの鞘《さや》をはずして差し上げ、それで支払った。有栄は鞘の代わりに紙こよりで巻き、なめしの引籠《ひきかご》に差し入れて、そのまま国許まで差していったという。

家臣たちは義弘を大名だと悟られないように、いろいろ手を尽くした。まず道案内を求めたが、だれも引き受けてくれる者がいない。あるとき、齢の頃四十余りで、髪や髭《ひげ》が白く、大小の刀に鉈《なた》を差した男を見つけた。尋ねてみると、道をよく知っている風情なので、道案内を依頼したが、妻子を先に遣わしているので先を急ぐと断られた。この男を逃がしてはと、力ずくで取り押さえ腰の大小を奪って、「案内しないなら、命を奪う。案内するなら過分の礼をする」と告げたので、男は致し方なく引き受けてくれた（「帖佐彦左衛門宗辰覚書」）。

この男、文右衛門（又右衛門とも）といい、結局、泉州堺まで道案内してくれたので、過分に銀子を与えて別れた。ただ、問題が生じた。主従ではないまったくの他国人と道中を共にすることになったので、義弘の身許を隠す必要があった。そのため、次のような格好をさせた

(右同書)。

「古い木綿の道服《どうふく》（庶民の道中着）に、上から帯を結んだ。破れ菅笠《すげがさ》の凹成《くぼみなる》を着けさせ、下人の男に姿を変えさせた。そのほか、御膳もままならないと、雑穀の麁飯《あらめし》を召し上がるときもあった。あるいは無飯のときもあった。歩くのも慣れない長路を馬にも乗られず、山を行き坂を越えた」

言葉にできない義弘の苦労と、心ならずも義弘を変装させざるをえない家来たちの苦しい心情が察せられる。

手段を選ばぬ強行突破

退き口の敵は飢えだけではなかった。東軍方や百姓たちの落武者狩りが容赦なく義弘主従に襲いかかった。

敗走から三日目の十七日、義弘主従はいったん鈴鹿峠から近江側の土山に来たところで前途を東軍に塞《ふさ》がれている噂を耳にし、引き返して関地蔵から楠原（現・三重県津市芸濃町楠原）を経由して伊賀上野に入った。ここは東軍に属した筒井定次《つついさだつぐ》（伊賀上野九万五〇〇〇石）の城下町である。定次自身はまだ帰国していないはずで留守番衆がいるだけだった。それでも少人数の義弘主従には脅威である（「伊地知増也贈于三原九兵衛一巻」）。

義弘は使者を立てて、領内を通行する旨通知してから通過した。すると、上野を過ぎた頃、里人四、五〇〇人が落武者を討ち取ろうと弓・鉄炮を撃ちかけ、鑓や熊手をもって険しい坂の細道に待ち伏せていた。義弘がそれを見て「一人も打ち洩らすな」と命令した。五〇余人が一斉に抜刀して斬りかかり、里人たちを追いまくった。

その結果、生け捕り二人、首五つを取った。そしてまた上野に引き返して、城の大手に首を懸け、生け捕りの二人を柵に縛りつけて、再び道を急いだ。

伊賀上野から国境を越えて近江国甲賀郡の信楽郷に入った。信楽焼で有名なところである。切り通しを通っているとき、堤の上から法師武者が弓で義弘を射ようとした。木脇祐秀《きのわきすけひで》が走り寄り、弓を奪い取って捕まえた（「山田晏斎覚書」）。

すると、郷中の者たちが大勢やって来て、「祈願坊主をなぜからめ取るのか」と追及したので、今度は義弘側が往生した。傍らの家に入って相談した末に法師武者を釈放した。その晩、夜陰に紛れて立ち去ろうとしたけれど、道案内がいない。後醍院喜兵衛《ごだいいんきべえ》・相良吉右衛門・白濱七助の三人が近くの家に湯を所望したいと頼んだが、夜中ゆえ無理だと断られた。それで無理やり戸をこじ開けて中に入ると、亭主が立腹しながら湯を沸かしてくれた。それで「過分に銀子をやるから和泉まで道案内してほしい」と頼んだ。

しかし、亭主は「銀子をいかほど下されようともできないから、早く帰ってほしい」と追い出した。三人はもはや如何ともし難いと覚悟を決め、入口の戸を踏み倒して、亭主を縛り上げた。亭主が驚いて「これは何事か」と騒いだので、三人は刀を首にあてて「騒げば首を落とすぞ」と脅した。

そうしたら意外な成り行きになった。寝ていた女房が起き出して大声で叫んだのである。その悲鳴を聞いて隣の家の者も起きてきて、「何たる狼藉者《ろうぜき》か」と騒ぎ出した。収拾がつかなくなった三人は、ままよと女房と隣人を打ち果たしてしまい、縛り上げた亭主に道案内させて、和泉の方へ向かった。背後からは村人たちが鉄炮を撃ちかけてきたので、こちらも応戦したという（「神戸久五郎覚書」）。

義弘とはぐれた者たち

退き口は乱戦になっただけに、義弘本陣とバラバラになった者たちが相当いた。さらに伊勢街道に向かう途中で、かなりの数のはぐれ組が生じた。

義弘の家老新納旅庵《にいろりよあん》の家譜「新納氏一流第四」によれば、それは三〇〇人の多数にのぼった。主だった者だけで、旅庵のほか、喜入《きいれ》忠政・入来院重時《いりきいんしげとき》・本田助丞《すけのじよう》・同勝吉・押川強兵衛《おしかわごうべえ》・同喜左衛門・五代舎人《とねり》などがいた。彼らが進退を決しかねていたところに、長宗我部盛親の使番がやってきて、義弘が伊勢路をめざして落ち延びたことを知らせてくれたので、何とか合流しようと先を急いだ（『鹿児島県史料　旧記雑録拾遺 諸氏系譜一』）。

このとき、旅庵たちがいたのは「伊吹嶽《いぶきたけ》の麓」で、その後「北近江路」をめざしたとある。すでに述べたように、牧田川を遡って五僧峠を経て近江高宮に出たのは旅庵たちだった可能性がある。高宮の小林家に奇妙な感状が残っているのも、一応説明がつく。

このうち、旅庵と本田助丞などは十八日に入京し、洛北の鞍馬に潜伏した。しかし、翌十九日には徳川方の山口直友の手に捕縛されてしまった。旅庵と助丞はこののち、義弘の罪なきを釈明しながら、京都と薩摩の間を往復して、家康との和睦に奔走することになる。

なお、このとき捕虜になったのはほかにも多数いたと思われる。同年十一月、旅庵たちが大和国三輪山《みわ》の大先達《だいせんだつ》（大神神社《おおみわ》の修験者《しゅげんじゃ》集団のリーダー）に宛てて銀子一貫文の借用書を書いている（三―一三〇二号）。借用書に署名しているのは、旅庵はじめ、長谷場《はせば》織部佐《おりべのすけ》・川上久智《ひさとも》・町田久慶・伊集院弥六左衛門・本田主水佐《もんどのすけ》・白濱三四郎・川上久林《ひさしげ》・川上忠兄・喜入忠政・新納新八郎の一一人である。彼らは徳川方の一種の人質として三輪山を宿舎にあてがわれたものだと思われる。その家来や郎党を含めると、数十人が滞在していた可能性がある。

借用した銀子は帰国費用にあてられたのだろう。なお、署名人のなかに本田助丞の名前がないのは、この時期、和睦を勧める使者として薩摩に下向していたのではないか。

入来院重時の最期

彼らは捕虜になったとはいえ、ほとんどが無事帰国できた。しかし、それとは明暗を分けた人々もいる。入来院又六重時がその代表といえる。

重時はのちの垂水《たるみず》家（島津貴久の弟忠将《ただまさ》が祖）の島津以久《もちひさ》の二男で、男子のなかった入来院重豊の養子になった。母は北郷《ほんごう》時久の娘だから、家中でも有力な一門衆だった。朝鮮出兵や庄内の乱でも島津本宗家に従って働いた。慶長五年（一六〇〇）四月、庄内の乱平定に伴い、家康の取次山口直友と一緒に上坂し、大坂城で家康に拝謁して御礼を述べている。そのまま大坂に滞在していたため、西軍の挙兵に巻き込まれ、義弘と行動を共にした。

伏見城攻めでは総奉行となって攻撃を指揮し、決戦当日は残兵三〇余人とともに戦場を離脱することに成功した。

しかし、退き口では義弘とはぐれ、新納旅庵らと一緒に北近江路を通った。その後の動きはよくわからないが、手勢が多かったせいか、旅庵たちとは別行動をとったようである。そして合戦から八日後の二十三日、近江水口あたりで不運にも東軍に包囲されてしまい、主従三三人ことごとく玉砕した（三―一三〇三号、『本藩人物誌』）。

その最期の模様も書き残されている（「薩藩旧伝集」）。重時らは東軍の追っ手を逃れて、一人の供廻とある百姓村に逃げ込み、馬小屋の前に積まれた藁《わら》こものなかに隠れた。供廻は屋敷口の石橋の下に潜んだ。追っ手が石橋の上を通り過ぎるとき、供廻が思わず下から頭を出したところを発見されて、あっけなくからめ取られた。

追っ手の連中が供廻を厳しく糺明《きゅうめい》すると、供廻が観念して馬小屋を指差した。追っ手が馬小屋に行き、重時を見つけた。「何れの者か名乗りなされ」と問うたが、重時は「名乗るまでもない」と答えたため、追っ手の連中が襲いかかって重時の首をあげたという。

異説によれば、重時は百姓家の網代《あじろ》天井に上っていたら、網代竹のすき間から見えてしまい、鑓で突き殺されたという（右同書）。

田辺屋道与と塩屋孫右衛門

義弘主従は信楽から大和、河内を抜けてようやく摂津住吉にたどり着いた。信楽から住吉までもいろいろな苦難があったはずだが、ほとんど記録が残っていない。またその間どのようなルートをとったのかも不明な点が多いが、わずかながら手がかりがある。

「桐野掃部覚書抜書」によれば、十九日に「和城《（大和・山城）》の国かきか越」をしてその夜に「飯森の在所」に一宿したとある。「かきか越」は峡崖《かいがけ》越のことで、現在の傍示《ぼうじ》越（現・大阪府交野市）ではないだろうか（中村武生氏教示）。また「神戸久五郎覚書」にも信楽から「いくもりと申す所」に出て一宿したとある。つまり、「飯森」と「いくもり」は同じ地名だと考えてよい。

さらに「いくもり」から大坂に向かう途中、大坂へ行く道と京都に行く道の「行き別れの道」にぶつかっている。これは東高野街道《ひがしこうや》だと考えてよい。そうだとすれば、「飯森」「いくもり」は飯盛山のあたり（現・大阪府大東市）ではないだろうか。

このポイントが特定されると、信楽からのルートもある程度推定できる。すなわち、信楽から木津《きづ》川沿いに下って、笠置山から木津の渡しを経由して西進し、生駒山地を越えて飯盛山に達したというルートではないだろうか。

義弘主従は飯盛山から大坂には向かわないで、平野を経由して住吉をめざした（「大重平六覚書」）。これは大坂の情報がまったくなく、すでに東軍方が占領しているのか、また亀寿《かめじゅ》や宰相殿が無事であるのかどうかも不明だったから、とりあえず住吉にいる知友の田辺屋道与という商人を訪ねて情報を集めようということになったのだろう。

義弘主従が住吉に入ったのは二十日である。それに先立ち、平野に達したとき、義弘は家来たちに暇をとらせると言い出した。大坂に潜行するには多人数すぎるという理由からである。家来たちは「ただ今お暇《いとま》を給い、おそばを離れたら、もう二度とお目にかかることはないでしょう。今日ここでお暇をいただくくらいなら、ここで腹を切ります」と迫った。義弘は「大坂に鹿児島の御前様（亀寿）や宰相殿（義弘夫人）もいるので、そちらに奉公すればよい。三日もしないうちに自分の

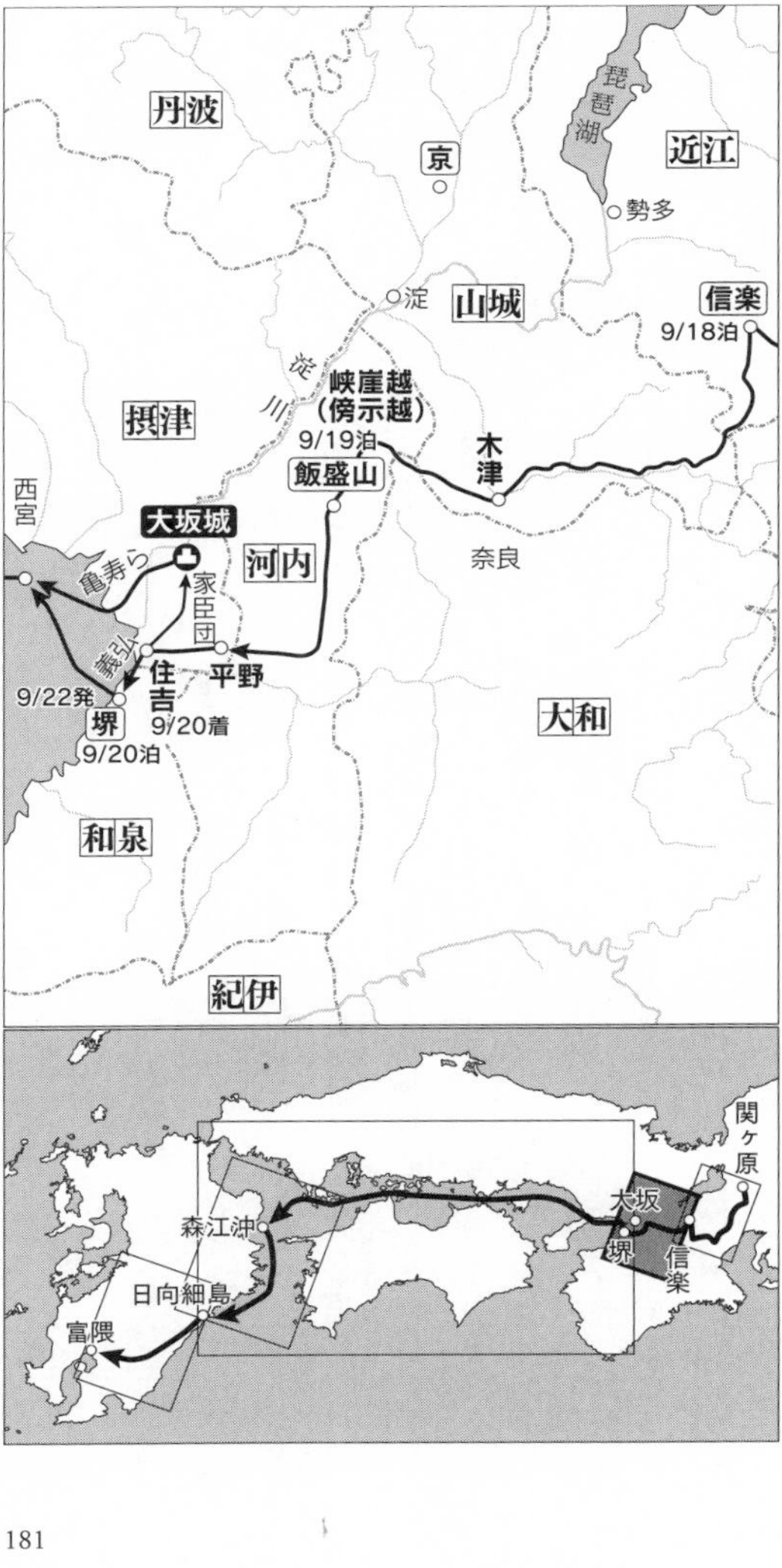

退き口ルート②　信楽→大坂

飢えや途中の村人たちとの軋轢に苦しみながらも、義弘らは大坂へたどり着く。

身上も知れると思うから、そのときは今の分別どおりにすればよい」となだめて、大坂行きを勧めた(「大重平六覚書」)。

住吉に着くと、義弘は「住吉の築地《ついじ》」の中に入り、ある「明寺」(空き寺)に入った(「神戸久五郎覚書」)。「住吉の築地」とは、住吉が住吉神社の門前町であり、自治都市として四方を土塁《どるい》と堀で囲まれていたと思われる。なお、島津氏にとって住吉社は由緒ある場所である。初代忠久は生母丹後局(源頼朝の側室とされる)がこの地で出産したという伝説がある(『島津氏正統系図』)。「明寺」には大勢が入れなかったから、木脇祐秀・伊勢貞成・桂忠詮《ただあきら》・本田源右衛門と小者一人(大重平六か)を連れて入った(右同書)。

そこへ、最前大坂に放っていた「山くぐり」(諜者)が帰ってきて、御上様《おかみさま》(亀寿)も宰相殿(義弘夫人)も何事もなく元気であることを報告した。そのため、義弘は大坂に行くことに決した。ついては、お忍びでないと入城は難しいので、多人数ではまずいということになり、義弘はわずかな人数で道与宅へ向かい、入城の方法を考えることにし、残りは大坂に向かうことになった。大坂に向かう面々は涙ながらに義弘にしばしの暇乞《いとまご》いを告げて発った(右同書)。

義弘と残った者たちで道与宅に急を知らせることになった。道与がもし東軍に寝返った場合にはその場で斬って自分たちも切腹しようと覚悟を決めてから向かった。ところが、使者を迎えた道与は「さてはお退きなされたのか。これは夢でございましょうか」と、義弘の無事をことのほか喜んだ。さっそく道与が女乗り物を用意して義弘を迎えに出た。道与は義弘の姿を見て、「さてさて関ヶ原でご戦死されたと承っておりましたところ、不思議千万なることで、再びお目にかかることができて大慶このうえありません」と大いに喜んだので、折からの大雨のなかを道与宅に急いだ。到着すると裏の書院に義弘を潜ませた（「神戸休五郎覚書」）。

道与は義弘と「船の談合」をした。帰国するための船の手配だろうが、道与は船を所有していないから、大坂行きや帰国が難しい。そこで、道与は堺商人の塩屋孫右衛門を紹介することにした。道与は孫右衛門と旧知で「兄弟同前（然）」の間柄だったので、孫右衛門所有の船で大坂に向かえばよいと考えたのである。堺に移動するにあたり、駕籠《かご》かきがいなかったので、白濱七助と矢野主膳がその役となって義弘を乗せ、道与が案内して堺に向かった（「大重平六覚書」）。

堺に入ってみると、すでに東軍の支配するところとなっていた。落武者狩りが行われ、落人《おちうど》が毎日五人、十人と斬られるような厳しい状況だった。義弘たちは孫右衛門の屋敷の裏から入り、土蔵に潜伏した。孫右衛門が湯漬けと香の物を出したが、義弘は食べなかった。よほどの緊張状態にあったのかもしれない。孫右衛門は島津家に出入りしている商人の一人だったが、義弘とは面識がなかった。だから、念のため、義弘は家老の伊勢貞成だと名乗っていた。義弘は孫右衛門の心底を測りかねていたのか、よそよそしい態度をとったのだろう。孫右衛門は去就を疑われているとわかると、三歳ほどの幼児を義弘の膝の上に乗せて、「これは私の秘蔵の孫ですので、人質に差し上げます。少しもご懸念には及びません」と述べた。これで、義弘もようやく心を開いた(「神戸久五郎覚書」)。

なお、義弘は住吉まで自分の愛馬を連れて来ていた。それは青毛で名を「紫」といった。中馬大蔵の有名な逸話(第七章参照)に、一行が飢えたため、乗馬を殺して肉を得るくだりがあるが、さすがに義弘の愛馬は殺すわけにはいかず、大事に連れてきたのだろう。船に乗って帰国するとき、愛馬は連れていけないということになって、堺の住吉大明神に奉納した(「大重平六覚書」)。

そして、いよいよ大坂に潜入することになる。

第六章——亀寿奪還から帰国へ

堺から大坂へ潜行

義弘がわずかな供廻を連れて堺の塩屋孫右衛門宅に潜んだのは九月二十日夜である。翌二十一日、義弘は道具衆の横山休内《きゆうない》をひそかに大坂に遣わした。駒野峠越えのとき、休内が義弘の脱ぎ捨てた鎧を拝領したことはすでに第五章で紹介した。休内はそれを忠恒夫人亀寿《かめじゆ》付きの有《あり》川《かわ》貞春と広瀬吉左衛門に見せて義弘が堺に潜伏していることを知らせた。亀寿はうれしさのあまり、休内を引見して盃を与えたほどである。

亀寿周辺ではすでに帰国の支度にあわただしく取りかかっていたので、休内はその夜、桐紋付の箱（義弘の鎧入れか）を背負って川口（木津川河口）に繋留してある島津家の御座船《ござぶね》に届けてから堺に戻った（「新納忠元勲功記」）。

孫右衛門は義弘のために荷方八端帆《にかたはったんほ》の船を用意してくれていたようである（「神戸久五郎覚書」）。しかし、これは貨物船だったので、多少の不安があったのでないか。すでに住吉の田辺屋道与《どうよ》宅に滞在していたときだろうか、義弘は大坂の島津屋敷に住吉に船を遣わすよう命じていたようである。しかし、その後、義弘が堺に移動したため、その船がそのまま住吉に着けてしまうのではないかと心配していたところ、意外な幸運があった。

島津家の御座船の船頭は東太郎左衛門といった。二十一日夜、命令どおり住吉浦めざして大坂を発ったが、深夜ゆえ水主《かこ》たちが眠気を催し、うっかり住吉を通り過ぎ、一里南の堺浦に船を着けてしまったのである。しかも、孫右衛門宅のすぐ近くだった。

義弘付きの小者大重平六が外に出て様子をうかがい、「どこの船か」と誰何《すいか》したところ、「薩摩船」だと応答があった。船の近くにいけば、たしかに御座船だった。これには義弘一同、「お目出たき仕合わせ」と喜んだ。不手際が不幸中の幸いをもたらしたのである（「大重平六覚書」）。

二十二日七ツ時分（午後四時頃）、義弘主従は孫右衛門に別れを告げて、御座船に乗り込み、一路、大坂方面をめざした。

なお、このとき、義弘主従は何のあてもなく大坂に向かったわけではなかった。すでに大坂城中の亀寿や留守居の面々との打ち合わせを済ませており、ともに出船して海上で合流する約束ができていた。次にその顚末をみてみよう。

亀寿、大坂城脱出の顚末

関ヶ原での西軍の敗戦後、大坂城はどうなっていたのか。城中では籠城と決し、本丸を預かる五奉行の増田長盛が西の丸の毛利輝元との間に互いに一子を人質として交換していたので、一応の結束は保たれていた（『関原陣輯録』）。

しかし、次第に毛利方には動揺が生じてきた。徳川家康との和平を探る動きが出てきたのである。すでに関ヶ原現地では一門の吉川広家《きっかわひろいえ》や老臣の福原広俊が徳川方の井伊直政・本多忠勝との間で決戦前夜の十四日に起請文を交わして、ひそかに和睦していた。西軍総大将の輝元は、一方で吉川広家らから家康との和睦を迫られ、他方では主戦派で大津城を落とした立花宗茂から籠城して東軍と一戦すべしと詰め寄られていた。結局、輝元は腰くだけとなり、家康方の井伊直政・本多忠勝、東軍に属した豊家恩顧の福島正則・黒田長政から起請文を得て、その後西の丸を明け渡して広島に帰ってしまうことになる（『毛利家文書』三―一〇二一・二六号）。

もっとも、その間、大坂城では籠城支度が始まっており、人質となっている諸大名の家族もそれぞれの屋敷から城中に入るよう命じられていた。そのため、城門の通行は手形がなくては不可能になっていた。とくに人質が城外に出るには「御質《おしち》手形」が必要だった（「瀬戸口休五郎覚書」「新納忠元勲功記」）。その手形を発給する権限を有しているのはいまだ辛うじて豊臣「公儀」を保持している大老輝元か奉行長盛しかいない。だから、城中にいる亀寿一行が城外に出るには大きな困難が伴った。

亀寿の周辺には宰相殿（義弘夫人）のほか、家老格の平田増宗《ますむね》をはじめ、吉田清存《きよあり》・相良長泰《さがらながやす》・弟子丸宗盈《でしまるむねみつ》・伊東守祐《もりすけ》・有川貞春・北条時弘など付人や用人がいた。最初、西軍の敗北と義弘の討死が伝えられて悲嘆に暮れていたところ、義弘の密使（桂忠詮《ただあきら》か）により義弘の存命がわかり、一同喜んだ。一同は談合して、亀寿の城外脱出の手立てを講じた。まず変装しての脱出を試みた。その手がかりとなったのは、佐土原家の島津豊久夫人（一説には豊久の姉）が手形がないのに無事に忍び出たという情報を得たことで、亀寿や宰相殿も同様に脱出できるのではないかと思い立ったのである。

まず城門の警固の厳しさを調べるために、囮《おとり》で試してみることにした。付人の北条時弘の娘を大名の姫に仕立て、侍女二人と近習の男三人を付けて城門を通過させようとしたのである。その際、「どちらの家中か」と詰問されても決して答えず、どんな扱いを受けても抵抗しないと打ち合わせてから行動に移した。すると案の定、警固の番人が怪しみ、「どちらの家中か」とたずねても返答がなかったため、侍女二人は門外に追い出され、時弘の娘と男二人は城中に追い返されてしまった（「京及江戸御質人交替紀略」）。

この作戦が失敗したので、次の策を練った。義弘が秀頼公の御為に討死し、人質たちは生きる望みを失っているから、ひとまず「公儀」に帰国の許可を嘆願しようというものだった。交渉人に選ばれたのは仙秀坊《せんしゅうぼう》（専秀坊とも）という真言宗の僧侶で、豊臣家の菩提寺である方広寺の学僧だった。薩摩の出身だったのだろうか。仙秀坊は奉行所に赴き、涙を流して亀寿の帰国を嘆願したので、ついに許可が出たという（「帖佐彦左衛門宗辰覚書」）。

しかし、亀寿宛ての手形は出されなかったという説もある。それによれば、仙秀坊が「義弘が秀頼公にご奉公して戦死を遂げたから、その人質は国許へ下向させていただきたい。少将殿人質《（忠恒夫人亀寿）》はこちらに残して置かれたい」と訴えたところ、何の返事もなかった。仙秀坊は食事もとらず一日中城に詰めて返事を待ったところ、ようやく義弘の人質、すなわち義弘夫人の宰相殿の手形だけが出されたという（「瀬戸口休五郎覚書」）。こちらの説のほうがその後の成り行きを考えると正しいと思われる。

亀寿の帰国がもっとも重要なのに、なぜ宰相殿の分だけしか要求しなかったのか。それは豊臣「公儀」の人質政策に従ったからだろう。大名が他界した場合、その人質は不要となって帰国が許され、新たに家督を継いだ者が次の人質（夫人が原則）を差し出すことになっていたと思われる。だから、宰相殿は帰国できるが、亀寿は夫の忠恒が国許に健在だから帰国できないという理屈だろう。

だが、亀寿周辺では手形は一通で十分だった。亀寿の身代わりを立てておき、亀寿自身は宰相殿の侍女に変装させて城外に連れ出そうという計画だったからである。身代りに選ばれたのは亀寿付きの大田忠秀の娘お松だった。もし身代わりになったことが露見すれば、命を失うかもしれない。お松も決死の覚悟で引き受けたのだろう（「新納忠元勲功記」）。

もちろん、お松だけを残すわけにはいかない。上役の平田増宗がほかにだれか残らないかと呼びかけたが、だれも申し出る者がいなかった。そのとき、山田有栄《ありなが》が「私が残り申す。お心安く退かれますように」と申し出た。その声をきっかけに相良長泰・吉田清存・新納教久《のりひさ》・上原尚張なども残ると申し出た。

ここで気になるのは山田有栄がなぜか大坂城中にいることである。すでに見たように、有栄は退き口の先陣を切った人物である。それがいつの間にか城中にいるのは、おそらく住吉で義弘と別れて、そのまま大坂に入ったものだろう。そうだとすれば、住吉で義弘と別れた家来のほとんどは大坂に潜入したと思われる。

余談になるが、義弘が堺から毛利輝元に籠城の有無を問い合わせてきたという説が毛利方にある（「関原陣輯録」）。

「この節、境（堺）の津より嶋津兵庫頭（義弘）殿が西の丸へお使者を送られた。いよいよご籠城なされるのであろうか、ご決定をお聞かせ願えれば、その趣旨に従います」

義弘が堺にいると書かれているから信憑性が高い。義弘は輝元が籠城するつもりかもしれないと観測していて、もし籠城と決まれば、自分も籠城する心づもりがあったと解釈すべきなのだろうか。そうだとすれば、義弘はまだ西軍巻き返しの意欲を失っていなかったことになる。これに対する毛利方の返答はどうだったのかといえば、「其《そ》の返事いかがか存ぜず候事」すなわち、何と返答したか不明というもの。毛利方は西軍の敗北で動転していたから、それどころではなかったのだろう。それと同時に、このことは大坂の留守衆が義弘戦死を口実に通行手形を得たことと食い違うことになるが、混乱のなかでさほど問題になることもなかったとみるべきか。

ともあれ、脱出の支度は調った。折から立花宗茂から使者があり、柳川に帰国するので、亀寿一行を乗せて国許まで送り届けようという申し出があった。そして十九日晩に出航と打ち合わせた。そこへ堺の義弘から使者がやってきて、「兵庫川口」（西宮沖）に船を停泊させるので、亀寿・宰相殿は川舟で下ってくるように指示した。この使者はすでに述べた横山休内だったと思われる。このため宗茂方との打ち合わせはキャンセルされたのだろう。

これにより、改めて堺の義弘と大坂の亀寿以下の家中が二十二日に兵庫川口で合流する手筈が調えられた。亀寿一行は手形の効力もあり、無事に城外に脱出した。その際、亀寿は島津家の系図、宰相殿は名物の平野肩衝《ひらのかたつき》の茶入《ちゃいれ》を持参していた。亀寿が島津家の系図をもっていたのは象徴的である。亀寿は太守義久の嫡女だからこそ、その血統の正統性の証というべき系図を保有していたのだろう。

また一行はなぜか秋月種長《あきづきたねなが》夫人も同伴していた。秋月種長（日向高鍋三万石）は所領が島津氏領国に近く、とくに佐土原島津氏領と隣接している。種長は朝鮮陣では島津豊久と同陣で出陣し、義弘とも晋州《チンジュ》城攻撃などで同陣したことがある。関ヶ原合戦でも同じ九州衆として一緒に大垣城に籠っていた。もしかして大坂城下で島津氏と秋月氏の屋敷は近かったのだろうか。

もっとも、種長は西軍の敗北が明らかになると、素早く東軍に内応している。島津家中ではそのことをどこまで知っていたのか。うがった見方をすれば、すでに承知していて、義弘一行の安全保障のため、種長夫人を格好の人質にしたといえないこともない。というのは、秋月氏

現在の大阪城
義弘は大坂城で人質にされていた亀寿や宰相殿を無事奪還し、船で西へと向かった。

平野肩衝(尚古集成館蔵)
漢作唐物、大名物の茶入。天正（1573 ~ 1592）の頃、河内国平野郷の町人平野道是が所持していたのでこの名がある。その後、豊臣秀吉の手に渡り、文禄の役の恩賞として、秀吉から義弘に与えられた。寛永7年(1630)、3代将軍徳川家光が江戸桜田の薩摩藩邸に御成をした時には、忠恒（家久）がこの茶入で供応。その後も島津家重物として、代々の当主に受け継がれてきた。鹿児島県指定文化財。

領の高鍋は義弘一行が領国に帰る途上に位置しているからである。種長夫人を確保しているかぎり、秋月氏領を安全に通過できると考えての同伴だったのかもしれない。

立花宗茂との再会

いよいよ二十二日に双方が出船となる。早暁（午前五時頃）、義弘一行は堺を出航した。大坂の川口（木津川河口か）に着いて合図の刻限を待っていると、午《うま》の刻（正午頃）に平田増宗が小舟でやってきて、両夫人（亀寿・宰相殿）が無事番所を通過したこと、屋敷内には吉田清存・相良長泰など数十人を残すのみで、一人の子女も残さず連れてきたことを告げた。そして約束した西宮沖に行くと、ほどなく両夫人を乗せた船もやってきて、無事合流がなった。「義弘感悦斜めならず」と両夫人と再会したことを喜んだ（「惟新公関原御合戦記」）。

この合流についても具体的な手記が残っている（「瀬戸口休五郎覚書」）。瀬戸口休五郎は、伏見城攻めのとき脇奉行として戦って重傷を負った松岡勝兵衛（はじめ神戸休五郎）の息子（松岡千熊）である。勝兵衛は負傷したため、美濃に出陣せず、屋敷で療養していた。そして両夫人の帰国に同行を許されたのである。

「兵庫沖へ参ったとき、堺のほうから六端帆に表《(舳先)》から艫《とも》まで櫓《ろ》を数多く立てて、甲板に張った赤幕を絞り上げた船がやってきた。矢を射るような早船だったので、敵船かと思って鉄炮に薬を込め火縄に火を付けて用心していたところ、次第にその船が近づいてきたので、よく見れば、艫の手引（帆を操る役）のため（帆に）上っている人がいる。見れば、木脇休作《きのわききゅうさく》殿に似ていたので不審に思ったところ、（中略）矢野休次《きゅうじ》（主膳）殿もおられた」

千熊が見つけた船は義弘の御座船だったのである。御座船から小早《こはや》（連絡・移動用の小型船）がやってきて、勝兵衛に御座船に来るようにという義弘の命があった。太腿あたりの負傷がまだ癒えていない勝兵衛が這《は》うようにして行ってみると、紛うことなき義弘がいた。

「惟新様《(義弘)》は浅黄の手拭いで御髪を包まれて、屋形の欄干《らんかん》にお上りになっていた。それからお船に這って乗り、（義弘の）お袖に取り付くと、『これは夢か現《うつつ》か』と申し上げ、声をあげて泣いたので、御供衆から水主まで泣かない者はいなかった」

勝兵衛が義弘と感動的な再会を果たし、感極まって泣いたので、まわりももらい泣きしたというのである。

西宮沖で義弘は立花宗茂とも再会を果たしている。宗茂は亀寿一行の帰国に援助の手を差しのべたほどで、義弘に個人的な親近感を抱いていた。それは朝鮮陣、なかでも慶長の役の掉尾《ちょうび》、順天城《スンチョン》に孤立していた小西行長らの救出作戦にともに従軍し、李舜臣《イスンシン》の朝鮮水軍と激戦した露梁《ノリャン》沖海戦をともに戦い抜いた戦友意識から出るものだった。とくに宗茂が義弘の武辺に私淑《ししゅく》していた形跡がある。

宗茂は秀吉の九州陣の前後に従い、筑後柳川一三万石を領した。武勇の誉れ高い武将として著名である。関ヶ原合戦では積極的に西軍に属した。大津城攻撃の主力となって奮戦し、ついに城主京極高次を降伏に追い込んだ。しかし、その日は九月十四日と関ヶ原合戦の前日で、結局、宗茂は本戦に間に合わなかった。西軍の敗北後、毛利輝元に大坂籠城を進言したが容れられず、帰国することに決した。帰国となれば、宗茂も義弘と同様、人質問題にぶつかる。宗茂は母宗雲院《そううんいん》を人質に差し出していた。大坂城から母を奪い取って帰国しようとしたら、木津川河口近くにある犬子嶋（現・大阪市西区江之子島）の関所で止められた。すると宗茂は大いに怒って「番人どもを踏み殺して急ぎ下れ」と命じたので、家来たちが番人を追い散らした。そのうえで堂々と帰国の途についたという（「立斎《りっさい》旧聞記」）。

西宮か尼崎の沖で両者の船が遭遇している。宗茂は最初、義弘の船だとわからなかったらしい。十文字の旗を掲げた船が横から来るのを見て、宗茂は加藤嘉明《よしあきら》（伊予国松前《まさき》一〇万石）の船だと勘違いした。嘉明の旗印も十文字だったからである。島津氏の家紋が「丸に十字」であることはよく知られているが、それは江戸時代になってからで、この頃はただの十字紋だった。だから嘉明の家紋と見間違えたのだろう。嘉明は東軍に属していたから宗茂にとって敵になる。宗茂が勘違いしたところをみると、義弘と一緒に帰国することを打ち合わせていたわけではないらしい（「慶長記」）。

それはともあれ、義弘と宗茂は西宮沖から海路を共にした。出航から五日目、周防《すおう》国日向《ひゅうが》泊《どまり》（現・山口県大島郡周防大島町）に停泊したとき、宗茂が義弘の船を表敬訪問した（「惟新公関原御合戦記」）。

「喜悦の余り落涙数行、死を逃《のが》るゝの幸ひを賀《が》し、往時談じ、再会を期して相別る」

武勇で知られた二人の大名が再会して互いに落涙するほど喜んだというのだから、関ヶ原合戦の苦難はやはり相当なものだったのだろう。このとき、宗茂は忠恒宛ての書状を義弘に託した。それには帰国したら「神文」（起請文）を呈するが、「善悪共に御下に参る儀」を誓っている。宗茂は島津家と共同行動をとるつもりだった（三―二九〇号）。

黒田水軍との海戦

義弘と宗茂は瀬戸内の海をともに航海し、伊予灘で別れた。宗茂の船は周防灘から玄界灘に向かい、義弘の船は日向細島《ほそじま》（現・宮崎県日向市）をめざして豊後沖にさしかかった。異変が起きたのは国東《くにさき》半島の沿海を進んでいたときである。東軍の黒田如水《じょすい》方の水軍と遭遇して海戦になったのである。その場所について、島津側の史料は「森江の湊」「森江の沖」「森江之口」とするが、そのような地名は国東半島あたりには見当たらない（「惟新公関原御合戦記」「瀬戸口休五郎覚書」）。当時、如水は西軍に属した垣見一直《かきみかずなお》の富来《とみく》城（現・大分県国東市富来）を囲んでいたから、現在もある富来浦を指すのかと思ったが、どうも釈然としない。

ところが、国東半島の南の付け根に近く、杵築《きつき》市の別府湾に面しているところに守江湾があり、守江港があることに気づいた。音が同じで場所も国東半島の一角であるから、これが「森江の湊」を指していると考えられる。当時、杵築一帯は木付《きつき》とも呼ばれ、細川忠興《ただおき》（丹後国宮津一二万石）の飛び地（六万石）で、忠興の重臣、松井康之と有吉立行《たつゆき》が木付城代をつとめていた。如水は康之と連携して木付城を支援していたから、やや南に偏しているかもしれないが、ここに黒田水軍が停泊していてもおかしくない。

退き口ルート③　大坂→細島

無事大坂を出帆した島津勢であったが、森江沖で黒田如水の水軍と海戦になるなど、その後も苦難はつづく。

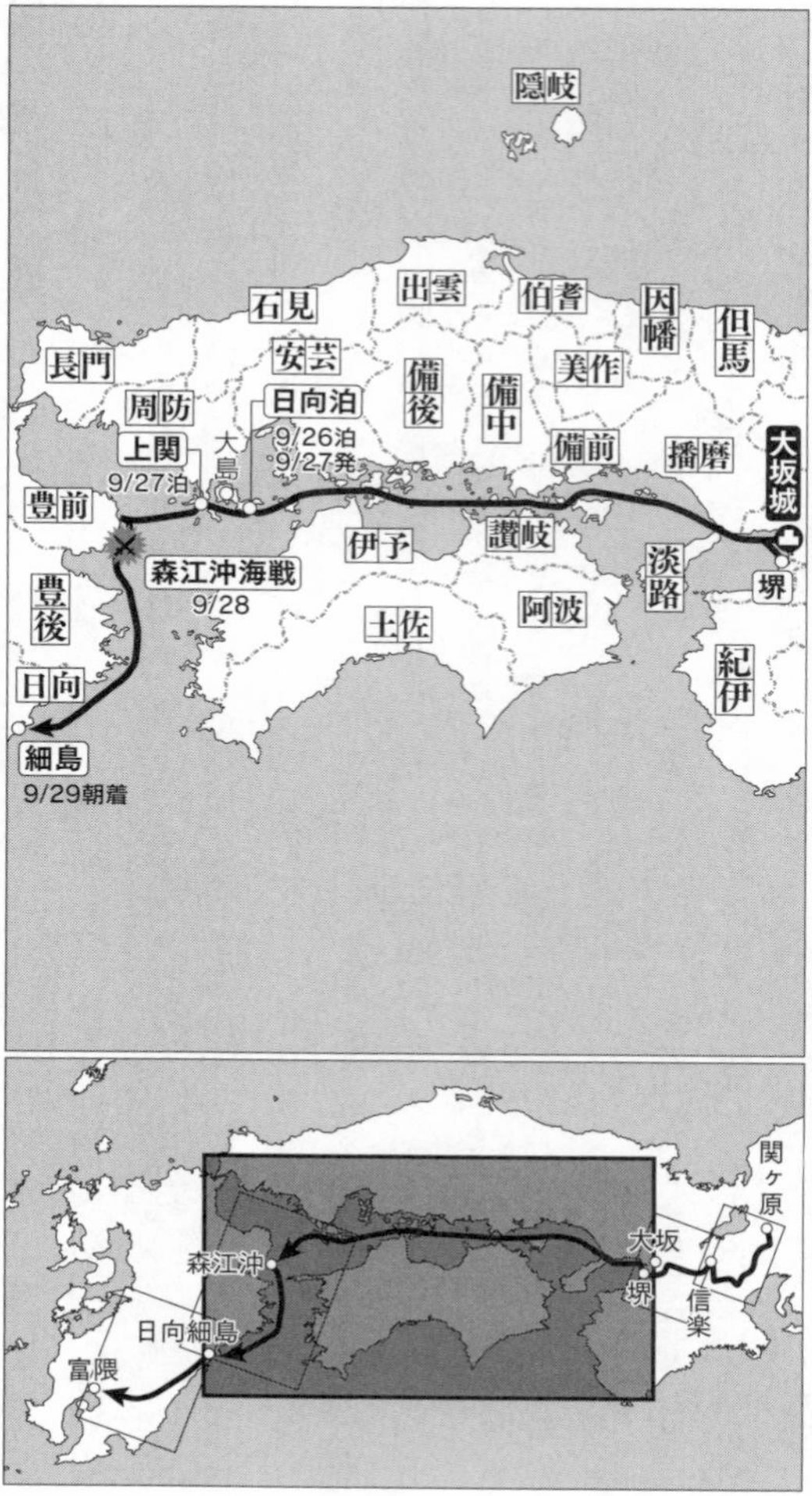

黒田側の史料「如水記」によれば、海戦は湊などの沿岸部ではなく、沖で長時間にわたり広範囲に展開された模様である。ここでは異例の海戦の様子を、その詳細な記事がある「如水記」を中心に、島津側史料（同右書）も交えて描いてみたい。

義弘が宗茂と再会した日向泊を出航したのが九月二十七日。周防国上関《かみのせき》の島尻という浦に停泊して順風を待っていたら、夜になって吹いてきたので出航した。豊後沖にさしかかった頃にはすでに暗くなっていた。島津方の船団は義弘の乗る御座船の提灯《ちょうちん》を目印に列になって南下した。船団が何艘だったのか不明である。義弘の御座船を含めて最低四艘はいたと思われる。

夜も更けて次第に強風になった。闇夜で方角がわからなくなり、供船三艘が遅れ出し、そのうち提灯の火が見えなくなってしまった。三艘のうち一艘は義弘夫人宰相殿の船、残りの二艘はそれぞれ鹿児島方（忠恒）と帖佐方（義弘）の台所船だった。台所船とは大名や奥方の家財・調度などを積載した船である。このうち、鹿児島方の台所船にははじめ亀寿が乗っていたが、航海の前途で不測の事態が起こらないとも限らないので、義弘は亀寿を自分の御座船に移した（「瀬戸口休五郎覚書」）。義弘が亀寿の存在がいかに大事かを自覚していた証左だろう。万が一、自分だけ帰国して亀寿を同伴できなかったら、兄義久に顔向けできないからである。

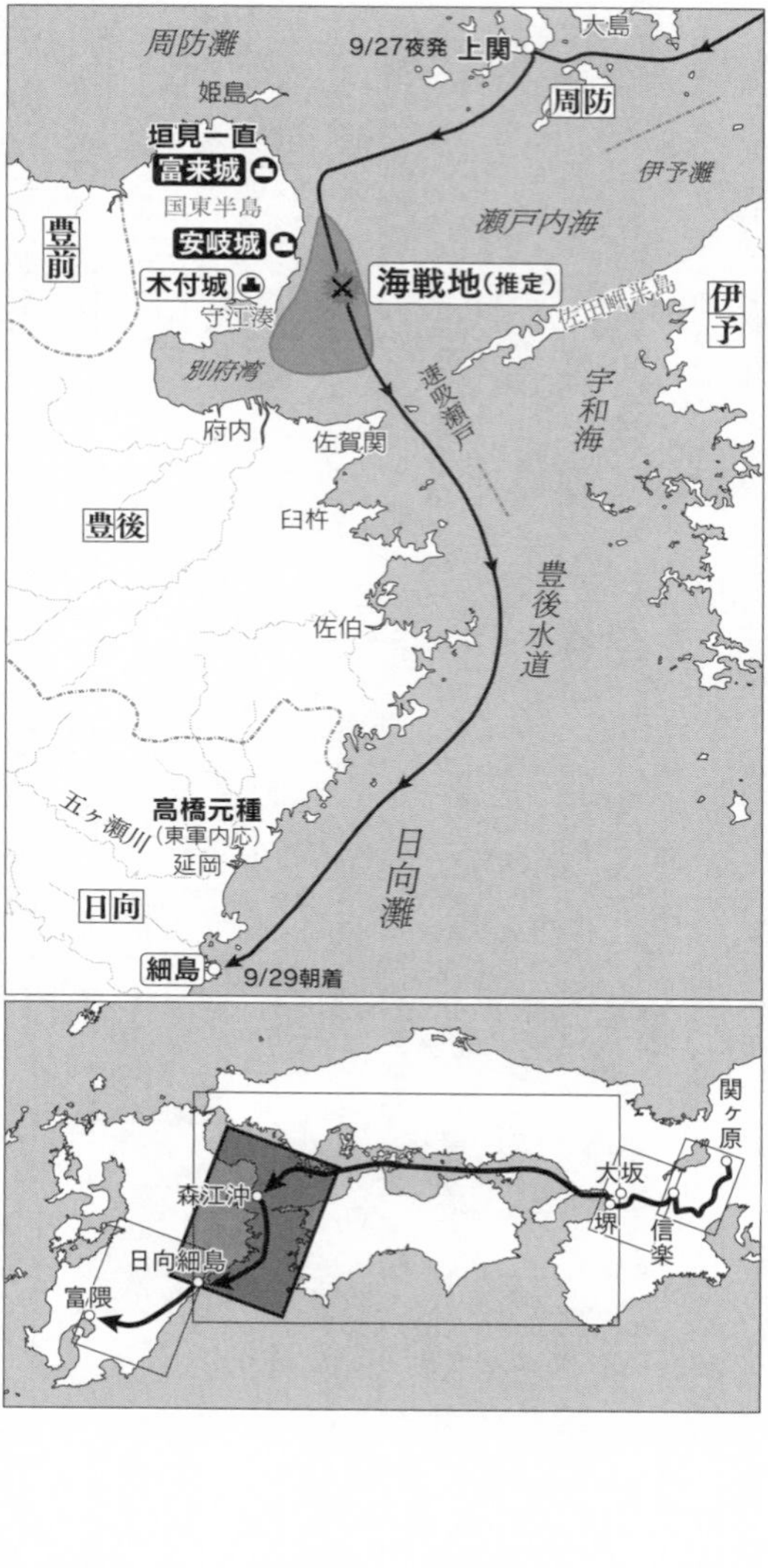

退き口ルート④　森江沖海戦
黒田水軍との海戦は、姫島の南から佐賀関に及ぶ、南北約五〇キロにわたって繰り広げられたという。

三艘は沿岸にかがり火が見えたので義弘の御座船だと思って接近した。ところが、それは黒田方の海上警固の番船だった。如水は富来城を囲みながら、国東半島一帯の海域には番船を置いて警固していた。船奉行は松本吉右衛門で、如水から上方より敵の飛脚船が通過したら捕獲するよう命じられていた。

如水はこの戦いで、瀬戸内の海賊衆として有名な三島《さんとう》村上水軍のうち、「野嶋《のしま》の溢者《あぶれもの》ども」すなわち、能島《のしま》の海賊衆を雇用していた。能島村上氏の棟梁は有名な村上武吉《たけよし》だったが、秀吉の海賊禁止令により独立性を失い、この頃、毛利家に船手衆《ふなて》として召し抱えられていた。如水は毛利家に組み込まれなかった浪人の能島衆を雇用したのではないだろうか。

夜が明け始めて、島津方の三艘は御座船ではなく陸地に近づいていたことに気づき、あわてて取り舵（左舵）を切った。しかし、今度は凪《なぎ》になっていた。しかも大船のため、なかなか進まない。能島衆の番船が不審な船だと気づいて追いかけてきた。警告のため鉄炮を放つと、三艘の船はますます沖合に逃げようとした。番船から降参を勧める目印である、笠を結い付けた竿を掲げたが、島津方はそれを無視して鉄炮で応戦した。その銃声を聞いて、沿岸からはさらに加勢の番船が押し寄せた。

迷い込んだ島津方の供船が三艘だったというのは双方の史料が一致しているが、島津方で実際に戦ったのは二艘となっている。一艘（宰相殿の御座船か）は黒田方の海上警備網を突破して離脱したのだろうか。宰相殿は無事、細島に着いて帰国しているので、その可能性が高いが、詳細は不明である。推測だが、ほかの二艘は宰相殿の船が無事に離脱するのを掩護《えんご》するためにあえて残り、黒田水軍と戦ったのではないだろうか。

島津方の二艘は敵船を振り切れないと思ったのか、二艘を舫《もや》って（繋いで）一対で戦う姿勢をとった。畳を海水に浸して船の垣立《かきだつ》（甲板にある防御用の楯板）に並べ、その矢面に夜具《やぐ》を取り出して覆った。敵の攻撃に対する防御力の強化である。船将は伊集院久朝《ひさとも》・同忠次・有川貞春・比志島国家《ひしじまくにいえ》などだった。

黒田方の能島衆は番船一二艘で押し寄せた。島津方の二艘は番船より大型で、一艘に鑓十七、八本を備えて上から突いたり、弓鉄炮を放った。能島衆は散々に射たれ、手負が多数出て一度退いた。これを見た能島衆の庄林《しょうばやし》七兵衛が「このようなときのために、我らは召し抱えられたのに、もしこの敵を打ち漏らすようなことがあったら、能島衆の面目を失ってしまう。余人は知らず、この七兵衛はただ今薩摩船に乗り入り、討死覚悟で戦うぞ。もし仕損じたなら、生きては帰らぬ」と大音声をあげ、脇差を抜いて人々の目の前で金打《きんちょう》した。金打とは約束を違えぬという誓いで、刀の刃や鍔《つば》など金属を打ち鳴らすこと。これに石川勝吉も応じて、二人して再び攻め寄せた。

能島衆は船を接近戦と遠戦の二段に分け、接近戦をしている間に遠戦の連中が楼上にいる島津方を狙撃した。それによって島津方に死人手負が出たため、伊集院久朝は楼から下りて楯の陰から弓鉄炮で防ぐよう命じた。

能島衆が苦戦しているのを見た庄林七兵衛は火攻めを思いついた。風上に回って苫《とま》（菅《すげ》や茅《かや》の編み物）に火を付けて島津方の二艘に次々と投げつけた。初めは島津方も投げ返していたが、数が多くて対応できなくなった。そのうち、女性たちの乗る船の楼上には兵がおらず、苫の火を消す者がなく燃え上がった。もう一艘もほどなく手が付けられないほど火の手があがった。

伊集院久朝も有川貞春も深手を負っており、もはやこれまでと腹を切った。そんななか、燃えさかる船の楼上に黒鎧を着た武者が上がって仁王立ちし、弓をもって矢を射ていた。そのうち濛々《もうもう》と立ち上る煙でその姿が見えなくなったが、最後まで射つづけていたという。あとで能島衆が捕虜にあの武者の名を尋ねたところ、伊集院三右衛門だと答えた。しかし、島津方の戦死者を列挙した交名《きょうみょう》（名簿）にはそのような人物はいない（三―一三〇三号）。「如水記」の記述はやや不正確で、この武者はおそらく伊集院若狭守忠次の子で、交名にも名前がある半五郎（忠次）だと思われる（『本藩人物誌』）。

「その子半五郎忠次、高麗御供、関ヶ原御合戦御側相離れず、御下国《ごげこく》御供、豊後沖において黒田家番船に掛け合い戦死三十八人の内也、その時十九歳」

弱冠十九歳の若武者だった。このときの奮戦のさまが義弘の耳にも入ったのか、のちに忠次宛てに感状を送り、一〇〇石を与えて、養子を立て家名を維持させたという。

かくして、島津方には予想外の遭遇戦となった海戦は終わった。「如水記」によれば、海戦は卯《う》の下刻（午前七時頃）から申《さる》の中刻（午後四時頃）までつづいたというから、じつに十時間近い激戦だった。交戦海域も姫島（国東半島北方）の南から佐賀関に及ぶ。南北五〇キロ以上にわたって海戦が繰り広げられたことになる。

双方の損害はどの程度だろうか。「如水記」は島津方の二艘には二〇〇人ほど乗船していたとし、そのうち、水手一三人、女八人だけが助かって捕虜になったという。一方、黒田方でも討死三八人、戦傷死六人、手負五四人という甚大な犠牲が出た。

島津方の史料では女性七、八人が捕虜となり、のちに和睦が成立すると、黒田方から返還されたとする（「惟新公関原御合戦記」）。また戦死者については、関ヶ原合戦全体での戦死者を日付ごとにまとめた交名がある。その九月二十八日条に森江の海戦で伊集院久朝以下、三八人が戦没とある。そのほかに名字のない多数の小者・中間、水夫と思われる者も百数十人列挙されている。これには別の日にちや場所で戦死した者が便宜的にここにまとめられたらしく、森江の海戦での戦死者を特定することができない（三―一三〇三号）。いずれにせよ、黒田方と同じくらいの犠牲者が出たのではないだろうか。

伊東方の挙兵に出遭う

九月二十九日辰《たつ》の刻（午前八時頃）、義弘一行は度重なる苦難の末、ようやく日向細島に上陸した（「新納忠元勲功記」）。紛れもない南九州本土である。しかし、まだ島津領内ではなかったから安心できない。日向国には北から次のような大名領国があった。

高橋元種《もとたね》　延岡《のべおか》五万石

秋月種長　高鍋三万石
島津豊久　佐土原二万八〇〇〇石
伊東祐兵《すけたか》　飫肥《おび》五万七〇〇〇石
島津本宗家　諸県《もろかた》郡一二万石

このうち、伊東祐兵を除いて西軍に属したが、高橋元種と秋月種長は東軍に内応している。豊久が討死したことはすでに述べた。義弘は翌三十日、細島を発って高鍋に向かった。高鍋で秋月夫人を返還すると、城中は大いに喜んだ。

翌十月一日、義弘は高鍋を発って佐土原に向かう。すでに伊東祐兵の重臣、稲津祐信《いなづすけのぶ》（清武《きよたけ》地頭）が挙兵して前途を塞いでいるという噂が流れていた。一難去ってまた一難である。義弘は念を入れて、亀寿と宰相殿には別行動をとらせ、山手の八代《やつしろ》（東諸県郡国富《くにとみ》町）に向かわせた。八代は島津氏領（日向国諸県郡）の東端にあたり、仮屋《かりや》（地頭屋形）があった。

義弘一行は午《うま》の刻（正午頃）に佐土原に着いた。途中、いくさになると恐れた百姓たちが馬や牛に荷物を付けて避難するのに出会うなど物々しい雰囲気だった。城の惣構《そうがまえ》まで島津源七郎忠仍《ただなお》が迎えに来た（「瀬戸口休五郎覚書」）。忠仍は豊久の次弟である。

義弘は大坂で人質になっていた豊久の姉を伴っており、これを家族に返した。義弘は豊久の老母（樺山《かばやま》氏）や豊久夫人と会って豊久の討死を知らせ、見舞いの言葉をかけた。「相共に面《おもて》を拭《ぬぐ》ひ袂《たもと》をうる（潤）をす」という有様で、双方とも涙の対面になった（「惟新公関原御合戦記」）。

しかし、伊東方の軍勢がすでに宮崎城を乗っ取ったという知らせもあり、義弘は佐土原にわずか数時間滞在しただけで早々に出立し、南の宮崎方面を避けて西の八代に向かうことにした。ちょうどその頃、佐土原には義久の命で老臣の樺山忠助《ちゅうすけ》（紹劒《しょうけん》）が数十人の手勢を率いて、義弘を迎えに来ていた。忠助の妹が豊久の生母だったから、忠助は豊久の伯父にあたる。その縁から駆けつけたものだろう。

義久も義弘の帰国が多難なのを慮《おもんぱか》り、日向国境の穆佐《むかさ》（地頭川田国鏡）や倉岡（地頭丹生《にう》信房）に伊東方の侵攻に備えて国境防衛を命じていた。忠助は義弘に「今日中に通過しないと、一揆衆に道を塞がれるかもしれません。我らがここに留まり、しばらく防ぎますので、加勢を寄こして下さい」と進言した。義弘も忠助の進言に従い、その手をとって「さればされば、やがて加勢を送ろう」と答えて出立した。

退き口ルート⑤ 細島→富隈

苦難を乗り越え細島へ着いた島津勢は、最後の力を振り絞り、佐土原から日州街道を経て富隈へとたどり着いた。

忠助の妹である豊久の母は息子の死を儚《はかな》んだのか、義弘の進退に対しても、「中書（豊久）を打ち捨ててお下りになった。またここ（佐土原）をお見捨てになるのか」と不満をもらしている。義弘が豊久の遺骨や遺品さえもって帰れなかっただけでなく、早々に佐土原を発ってしまうことへの愚痴だろう。忠助が「（貴女は）息子の中書殿に後れをとって、今となっては命も惜しくないとお考えのこと。そのように思われるのも当然で、しかもこの城で終焉を迎えられるなら名誉なことではありませんか」と妹をたしなめるという一幕もあった（「樺山紹劔自記」）。

さて、義弘の前途に立ち塞がる伊東勢とはどのような勢力なのか。飫肥城主の伊東祐兵は日向の戦国大名だった伊東義祐《よしすけ》の二男。その頃から飫肥を領していたので、家中から「飫肥殿」と呼ばれていた。

義祐は日向を平定したのち、大隅国にも勢力を伸ばして、三州統一をめざした島津氏と激突した。その戦いは二十年以上に及んだ。しかし、木崎原《きざきばる》の戦いで義弘に敗れて以降、衰退し、天正五年（一五七七）、島津氏の攻勢により領国は崩壊した。「伊東崩れ」と呼ばれる。義祐など一族は豊後の大友宗麟《そうりん》を頼って亡命した。

その後、島津氏が秀吉に降伏すると、子の祐兵が日向の小大名として復活した。関ヶ原合戦

細島港
義弘一行が関ヶ原からたどり着いた日向細島港（宮崎県日向市細島）。天然の良港で、江戸時代、島津氏は参勤交代でもこの港を使っている。

佐土原城天守台跡
平成９年（1997）の発掘により金箔瓦が出土し、豊臣系城郭である可能性が高い（宮崎県宮崎市佐土原町）。

島津豊久など戦死者墓
佐土原の天昌寺跡にある。右手にある四基の宝篋印塔は、左から、家久、豊久、家久夫人（樺山氏）、家久の生母（肥知岡氏）。

のとき、祐兵は上方で病床にあったが、ひそかに家康に通じることにして、嫡男祐慶《すけよし》（当年十二歳）を国許に帰し、黒田如水の指示を仰ぐよう命じた。祐慶は九月二十四日に帰国した。国許では譜代重臣の稲津祐信が幼い祐慶の名代となり、黒田如水の指示を受けて、西軍方の留守城を攻略しようと動き出したのである（『日向記』）。

樺山忠助は祐信の狙いを「伊東此の昔の本念を思い立ち候」と指摘している。つまり、かつての全盛期のように、伊東氏の旧領回復を意図していたというのである。日向国は西軍に属した大名が多い。祐信らは東軍の旗印を掲げることがその意図の実現に有利だと判断した。祐信はさっそく九月二十九日頃、かつての伊東氏の本拠地だった佐土原や都於郡《とのこおり》の地下衆《じげ》（土豪や百姓など）に蜂起の触れを出していた（「樺山紹劔自記」）。

義弘が佐土原に着いた十月一日、祐信ら伊東勢は宮崎城を攻めて乗っ取った。宮崎は佐土原のすぐ南である。だから、伊東勢がすぐ押し寄せるのではないかと、佐土原周辺が騒々しかったのはそのためだった。

宮崎は高橋元種の飛び地で、宮崎城には城代の権藤種盛を置いていた。祐信らは飫肥・清武から三〇〇〇人の兵力を動員した。これには黒田如水の検使《けんし》（目付）宮川伴左衛門尉が加わっていたから、如水の指揮下に入っての軍事行動だった。伊東勢は九月三十日から宮崎城に押しかけ、翌十月一日に本丸を落とし、権藤らを自害に追い込んだ（『日向記』）。もっとも、高橋元種は東軍に内応して本領安堵されたから、のちに宮崎城は元種に返還される。伊東勢はその後も、島津氏領国や佐土原島津氏との境目で抗争をくり返す。

義弘に戻ってみよう。十月一日、佐土原を発ったのち、西に向かって島津氏領国に入り、八代に一泊した。ここで亀寿や宰相殿一行と再び合流したのだろう。さらに翌二日、大窪村（現・宮崎県都城市高城町）に一泊し、翌三日、義久の居城である大隅国富隈（現・鹿児島県霧島市隼人町）に到着した（「新納忠元勲功記」）。義弘のたどったルートはほぼ高岡筋と呼ばれる日州街道を通ったと思われる。

義弘一行はようやく故国の土を踏んだ。関ヶ原を突破した九月十五日から、じつに十九日ぶりの帰国だった。

諸説ある兄義久との対面

鹿児島湾の最奥部にある大隅国富隈《とみのくま》は今は龍伯《りょうはく》と称する太守義久の隠居屋形である。十月三日、義久は義弘一行を迎えるために、わざわざ屋形を出て一里ほどでかけた。そして義弘と見《まみ》えると互いに手を取って涙を流した。そしてそのまま二人は屋形まで同道した。このとき、義弘に従っていた家来は三九人だった（「神戸久五郎覚書」）。彼らはのちに義弘から加増された面々で、そのなかには道具衆や郎党は含まれていないので、実数はもっと多かったのではないか。

兄弟が対面するのは一年数カ月ぶりである。久しぶりの対面で兄弟の胸中に去来する思いは何だったのだろうか。義弘の伝記は義久が帰国を喜んだと述べている（「惟新公関原御合戦記」）。

「義久がいうには、足下《(義弘)》は今般大敵の囲みを破って、身を全うするのみならず、大坂にいた人質以下の子女をことごとく携えて帰国したことは、庸将《ようしょう》の及ぶ所ではないと、大いにその勇武智謀に感ぜられた」

同じ義弘側の史料でも少しニュアンスが異なるものもある（「義弘譜」）。

「（義弘が）即刻登城して法印龍伯公《(義久)》に拝謁して、数年の別離とはいえども、ご尊体《(義久)》の恙《つつが》なきを祝賀した。義久が懇々《こんこん》と命じて、（義弘に）少し暇を賜った。ゆえに船に乗り、帖佐に帰城した」

これには義弘をねぎらい暇を与えたという以外、義久が特段の感情や反応を示したとは書かれていない。

一方、もっとも興味深いのは、義久が立腹して義弘を厳しくたしなめたという義久側の史料である（「義久譜」）。

「義久は慶賀に達せず、ムッとして悦ばずにいうには、私は義弘が家康と互いに誓紙を交わして堅く約定したと聞いていた。それなのに、今度石田三成の暴挙に従ったのは、じつに一口両舌《いっこうりょうぜつ》の誡《いまし》めであり、武士たる者の恥である所以《ゆえん》である」

義久は義弘が家康との約定を違えたと激しくなじったというのである。義弘側の史料とは好対照の内容である。おそらく義久が右のように述べたのは間違いないのではないか。もっとも、心底からの怒りというより、太守として家中全体を取りまとめるべき立場からの公式発言だろう。すなわち、家康との敵対という明白な事実が、その後、島津氏にどのような厄災をもたらすかを考えれば、到底、義弘の帰国を全面的に褒めたたえるわけにはいかず、不安を抱える家中の手前、叱ってみせたと考えるべきだろう。

一方の義弘にしても、度々加勢を要求したのに、義久がそれを無視し、捨て殺し状態に置かれたことに恨み言のひとつもぶつけたかったに違いない。そして少人数で上方に滞在していた以上、

富隈城跡石垣（上）
島津義久が築いた富隈城（鹿児島県霧島市）の石垣と石碑。屋形造りなので石垣が低い。島津氏領国には結局、豊臣系城郭の特徴である高石垣は導入されなかった。

島津義久の墓（下）
義久の最後の隠居所となった国分舞鶴城近くに建立された義久の菩提寺金剛寺跡にある墓。同寺は廃仏毀釈により廃寺となった。

ほかにどんな選択肢があったかと反論したい気持ちがあったのではないか。しかし義弘の行動が結果として島津氏に苦境をもたらしたことを考えれば、呑み込むしかなかったのだろう。

かくして、関ヶ原の戦場離脱から十九日間にわたった「退き口」は多くの犠牲を払いながら、義弘の帰国によって完遂された。まさにわが国戦史上でも稀な壮挙といってよい。走破距離は海路を含めて千数百キロに及ぶ。

「退き口」にはいくつかの幸運も伴ったが、何より義弘の生き抜くという牢固な意志力と義弘を慕う家臣たちの自己犠牲的な奉公と献身の賜物である。義弘の帰国はその後の島津氏の行く末にも大きな影響を及ぼした。

すなわち、存命した義弘の後見によって忠恒（のち家久）の家督が維持される結果となり、義久の死後、競争相手である義久の血統男子とその支持勢力を駆逐しながら、本宗家の血筋を磐石に固めていく。それにより、義弘は近世島津氏の「中興の祖」とでもいうべき、本人さえ思いもかけない地位に祭り上げられることになったのである。

第七章——退き口を彩る人物列伝

最後に、「退き口」に参加した島津家中の者たちのエピソードを記しておこう。

義弘を諫言し、壮烈な戦死
島津豊久《しまづとよひさ》（一五七〇～一六〇〇）

島津豊久は島津四兄弟の末弟、島津家久（一五四七～一五八七）の嫡男である。天正十五年（一五八七）、家久が豊臣秀長に降伏したとき、島津本宗家から独立を企てて豊臣大名へと転身した。豊久は豊臣秀吉から父家久の旧領、日向国佐土原二万八〇〇〇余石を安堵された。

名乗りは豊久が有名だが、じつはほんの一時期しか名乗っていない。関ヶ原合戦のあった慶長五年（一六〇〇）二月までは忠豊と名乗っていることから、関ヶ原合戦時も忠豊だった可能性が高い（三―一〇三二号）。通称は又七郎で、朝鮮出兵（文禄の役）における陣立を示した「高麗国出陣人数帳」では「嶋津又七郎」と記されている（『島津家文書』二―九五七号）。朝鮮から帰国した豊久は慶長四年二月、戦功により父家久が名乗っていた官途である中務大輔《なかつかさのたいふ》を名乗ることを許され、同時に侍従に任ぜられた（『本藩人物誌』）。これは「公家成《くげなり》」の栄誉である。

豊久の初陣は十五歳のときで、天正十二年（一五八四）三月、島原半島の沖田畷《おきたなわて》の戦いである。父家久が島原半島に出陣したとき、豊久も同行した。相手は「五州二島の太守」と呼ばれた龍造寺隆信《りゅうぞうじたかのぶ》（肥前国佐嘉《さが》城主）である。島津軍は龍造寺の大軍を相手に苦戦したが、総大将隆信を討ち取って勝利した。豊久も新納忠元の後見によって一人を討ち取って初陣を飾った。

慶長五年（一六〇〇）五月、庄内の乱が終息したのち、豊久は参勤のため伏見に上った。この上京が結果として、豊久の運命を決してしまう。秀吉亡きあとの豊臣政権の執政・徳川家康に拝謁したのち、帰国の許可を得て大坂に下ったが、ほどなく石田三成ら西軍の挙兵に遭遇してしまう。豊久は致し方なく義弘とともに西軍に投じた。

九月十五日の決戦当日、豊久は島津軍の先手として最前線にあった。東西両軍の激突が一刻（約二時間）ほどつづいた頃、隣接する石田三成の陣所から、三成本人が豊久の陣所にやってきて、島津軍の参戦を促した。そのとき、豊久は次のように答えた（「山田晏斎覚書」）。

「今日のことはもはや面々《めんめん》が手柄次第に働けばよい。御方（三成）もそのようにお心得あれ」

豊久は自軍の進退について自力でやるから他人の指図は受けないと、三成の督戦を拒絶した。これはおそらく松尾山の小早川秀秋が裏切って大勢が決したためで、今さら小勢の島津軍が押し出しても大勢を覆せなかったからだろう。三成の陣所が崩れ落ちたのはそれからほどなくだった。豊久は義弘と相談して前方の伊勢路への強行進軍を決意する。決戦に臨んで、豊久は義弘の家老の長寿院盛淳と別れのあいさつを交わした（『井上主膳覚書』）。

「盛淳は中務様《（豊久）》とは別備えだったので、盛淳のほうがやってきて馬上よりお暇乞いをなされた。中務様が仰せには『今日は味方が弱いので、今日の鐙は付けない』（今日は敗北なので、いまさら鐙の高名は求めないという意か）と互いにお笑いになった」

敵味方入り乱れての乱戦となったとき、豊久が義弘に進言した（『本藩人物誌』）。

「天運はすでに極まれり。終わりを全うすることはかないますまい。我らがここで戦死するので、公《（義弘）》は人数を率いて帰国なされませ」

義弘がそれでも承諾しないので、豊久は重ねて声を高くして「御家の存亡は公のご一身にかかっていることをお忘れなく」と念押しして、自らわずかな手勢を率いて、徳川軍に斬り込んだ。その間に義弘主従は辛うじて逃げ切ったのである。

なお、豊久が戦死したとされる烏頭《うとう》坂には供養碑が立っているが、果たしてこの地なのかどうかは特定できない。たまたまこの地に建てられただけだろう。すでに述べたように、豊久は関ヶ原盆地内で討死したと思われる。

関ヶ原合戦で西軍に属したにもかかわらず、島津氏は本領安堵されたといわれている。だが、それは本宗家のことで、豊久の佐土原領は一時家康に召し上げられたことはあまり知られていない。家康はとりあえず浮地《うきち》とし、山口直友の与力庄田安信を在番させている（山本博文・一九九七）。のちに島津本宗家と家康の和睦交渉の過程で返還された。豊久に代わって垂水家の以久《もちひさ》が入部し、新たに佐土原島津氏を興して幕末から現在に至っている。

一方、豊久の跡は喜入氏から入った養子の忠栄《ただひで》が継いで、島津本宗家の家中に復帰し、その養子の久雄《ながよし》（太守家久八男）が永吉島津家（薩摩国日置郡永吉四四〇〇余石）となり、現在に至っている。

豊久を討ち取ったのは福島正之（正則の養子）の手に陣借りした浪人笠原藤左衛門といわれる（『本藩人物誌』）。豊久が身につけていた甲冑は小田原の笠原家に所蔵されていたそうで、豊久の六代の子孫で永吉島津家の主殿《とのも》久柄（久芳か）の代に相良某が笠原家を訪れて甲冑を見たという。鑓で突かれた跡が二カ所あったり、糸が切れている部分があったりしたという。

佐土原島津氏の菩提寺だった佐土原の天昌寺には過去帳の写しがある。それには豊久と一緒に討死した家来たちの俗名が記されている。名字のある家来が二三人、名字のない小者・中間が七人、ほかに名前が不明の五人、合わせて三五人分である。これは戦死者のすべてではないだろうが、豊久勢は予想外に少人数だったのかもしれない。

「死に狂い也」と叫び、義弘の身代わりで戦死 長寿院盛淳《ちょうじゅいんせいじゅん》（一五四八～一六〇〇）

島津義弘の身代わりとなって討死したのが家老の長寿院盛淳である。盛淳の討死場所については諸説あるが、義弘の本陣近くだったと考えられる。盛淳は義弘の身代わりになると決めていたから、敵勢をできるだけ多く引きつけることで、義弘の退却を掩護《えんご》しようと考えていたに違いない。

盛淳は室町幕府の有力守護・畠山氏の一族頼国《よりくに》（入道橘陰軒《きついんけん》）が薩摩半島西南端の坊津《ぼうのつ》あたりに移り住み、できた子だという（『本藩人物誌』）。

その名前からわかるように、幼少で出家して大乗院盛久法印《だいじょういんせいきゅう》の弟子になった。大乗院（廃寺、現・鹿児島市稲荷町清水中学校付近）は島津氏の祈願所となった真言宗寺院。盛淳は紀州根来《ねごろ》寺《じ》で八年修行し、さらに高野山の高僧・木食《もくじき》上人にも三年間付いて修行した。その後、帰国して安養院の住持《じゅうじ》となった。安養院は鹿児島県にいくつかあるが、おそらく大乗院末寺の安養院（廃寺、現・鹿児島県日置市日吉町）だろう。

そのまま出家として生涯を終えるはずだった盛淳に転機が訪れた。太守島津義久が還俗を命じて側近に取り立てたのである。文禄元年（一五九二）頃には伊集院抱節《ほうせつ》・町田久倍《ひさます》・鎌田政近《まさちか》とともに、家臣たちの領知目録に連署しており、老中になっていることがわかる（二―一〇〇七〜〇九号など）。

島津氏が戦国大名から豊臣大名へと転身する過渡期、盛淳は困難な仕事を背負わされた。盛淳は石田三成と相談しながら、老中筆頭の伊集院幸侃《こうかん》とともに、太閤検地の実施に立ち会い、家臣団の知行配分に携わったのである。

しかし、家臣たちの多くは太閤検地により実質的に知行を減らされたり、所替えを強制されたた。そのため、盛淳は家臣たちの激しい抵抗の矢面に立たされた。また伊集院幸侃とも不仲をささやかれた。豊臣政権の政策をどこまで受け容れるかをめぐって、幸侃とも対立したのである。幸侃が三成の意向に沿って、大胆な知行割や所替を推進するのに対して、盛淳は家臣団の意向に沿って、幸侃の政策にブレーキをかける立場になったようである。

文禄三年（一五九四）六月、義久が朝鮮在陣の女婿忠恒に宛てた書状には「幸侃と盛淳の仲が悪いと世上で噂になっている。まずいことである」とあった（二―一三二八）。そうした世評もあってか、盛淳は知行配分の仕事の辞退を申し出たほどである。その後、盛淳は義弘の家老に転じた。関ヶ原合戦では同僚の伊勢貞成や新納旅庵《にいろりよあん》とともに義弘に従った。

東西両軍が手切れになった頃、盛淳は義弘の留守居として国許にいた。以下、生き残った盛淳の家来の覚書を中心に盛淳の足跡を述べる（「井上主膳覚書」）。

盛淳は義弘の居館がある帖佐《ちようさ》ではなく、少し離れて鹿児島湾最奥部の浜の市（現・鹿児島県霧島市隼人町）に居住していた。慶長五年（一六〇〇）七月末に早飛脚によって義弘の危急を知ると、自分が地頭をつとめている蒲生《かもう》衆に帖佐衆も少し加えた七〇余人で、八月三日、帖佐を出航した。

九月十三日朝、中国衆（＝毛利勢）の黄色い旗が見えたというから南宮山のあたりに達したのだろう。すると、三成が兵一〇〇〇人ほど派遣して盛淳一行を出迎えに来てくれた。その兵たちは「さてさて大勢のなかをどうしてお通りになったのか。まるで召鬼《（鍾馗か）》のようでござる」とほめてくれたという。ここでも、三成の気遣いが感じられる。

盛淳一行が大垣に着いたのは十三日昼前。義弘が門外に走り出て、「長寿か。その方が一番だと思っていた。案に違わなかった」と大いに喜び、盛淳の手を取って陣所に招き入れたという（「井上主膳覚書」）。

陣中には兵粮《ひょうろう》がなかったので、十三、十四日の両夜、夜陰に紛れて苅田《かった》をして食糧にした。とくに十四日の夜は大雨でことのほか寒く、苅ってきた稲穂を積んで火を付けて暖をとったという。このような西軍将士たちの事情はあまり知られていないだろう。

この覚書で興味深いのは、十四日夜にあったと思われる西軍首脳の評定の様子が書かれていることである。それによれば、「筑前中納言殿（小早川秀秋）野心」について注進があった。三成方で談合があり、島津家中から川上忠兄《ただよし》が使者となって出かけたという。西軍首脳だけでなく島津氏の下級兵士まで、決戦前夜のうちに小早川秀秋の離反をある程度承知していたことになる。そのときの軍評定で話されたことが書き留められている。

「中納言殿（秀秋）を呼び入れて人質に取るべきだと、大将衆が内談されたけれども、（秀秋が）風邪だといって出てこなかったと承った。そのとき、中納言殿は若年で、家老の計り事だろうと風聞していた」

西軍の敗色が濃くなると、盛淳は義弘の身代わりになる覚悟を固めていた。盛淳は玉林坊《ぎょくりんぼう》という大力の家来を呼び寄せて、「我はあとに残り、討死すると思い定めた。お前は強力《ごうりき》だから、殿様の御供をせよ。随分と山中の難所を通るはずだから、(殿様を)お背負いせよ」と命じた。すると、玉林坊は「自分もご一緒に討死させて下さい」と懇願したが、盛淳は厳しくたしなめて追い返したという。

盛淳は義弘からその具足、羽織、甲を拝領して身につけていた。とくに羽織は義弘が太閤秀吉から拝領したもので、白くて大きな鳳凰の縫い取りがあった。また親交のあった三成から金磨きの軍配と団扇《うちわ》も拝領していた。

いよいよ前方突破の退き口となる。東軍は七〇〇人ほどが二度にわたり押し寄せてきた。一度目は撃退したが、二度目は乱戦になった。盛淳は義弘の本陣に残って防いだが、島津の軍兵にもおじけづいた者が多く、反射的に背後の「堀」に逃げ込んだ。島津軍は勇猛だといわれるが、個々の兵士はやはり人間である。恐怖心が出て当然だった。盛淳は馬を乗り回しながら悔しがった。

東軍が三度目に押し寄せてきたとき、盛淳は群がり来る敵に向かって「死に狂い也」と大音声をあげたことはすでに述べたが、これには異伝もある（「濃州関ヶ原御陣ニ付東国方軍法御定之事」）。

「島津兵庫頭義弘、運尽きてこれより腹を切る。日本の諸侍はこの首を我が手にかけたと、あとで広言すべからず」

と叫ぶと、腹十文字に掻き切って北枕に倒れた。それを見た郎党たちは後れじと、一同二八三人が敵中に切り入った。そのうちの多くが討たれ、わずか五〇人になって伊勢路をさして落ち延びたという。なお、盛淳を討ち取ったのは松倉重政の家臣山本七助義純だという（「薩藩旧伝集」）。

盛淳の墓は関ヶ原盆地から伊勢街道を少し行った琳光寺（現・岐阜県大垣市上石津町）にある。

義弘の窮地救い、しんがりする
山田有栄《やまだありなが》（一五七八～一六六八）

鹿児島では、山田民部少輔《みんぶのしょう》有栄といっても首をひねる人が多いだろうが、山田昌巌《しょうがん》（有栄の号）といえば、年輩者ならたいがい知っている。

長寿院盛淳墓・無名戦士墓

上・義弘の身代わりとなって壮絶な戦死を遂げた盛淳の墓は、烏頭坂から南東へ約１里の琳光寺（岐阜県大垣市）にある。子孫によって大正時代に供養碑が立てられた。

下・盛淳の墓の近くには、無名戦士の供養墓もある。

北薩出水《いずみ》の名地頭として知られ、多くの逸話の持ち主。出水は肥後との国境だったので、その守りは厳重で、江戸時代、薩摩藩きっての精鋭といわれる武士団が置かれた。これを「出水兵児《へこ》」という。出水兵児を育成したのが、ほかならぬ有栄だった。

有栄の父は山田有信《ありのぶ》である。有信は日向高城《たかじょう》を大友宗麟《そうりん》や豊臣秀長の大軍から二度にわたり死守したことで知られる。有信は島津義久に信任された老中だった。有信は晩年の義久が病気になると、自分が身代わりになると誓いを立てて潔斎《けっさい》し、そのまま息絶えた。義久は幸い回復したが、有信が身代わりになって他界したことを知ると、その棺をわざわざ召し寄せて別れを告げ、挽歌を手向けている。

有栄が生まれたのは、父有信が日向高城で大友氏の大軍に囲まれていたときである。有信は吉報を聞いて、「これで祭祀も絶えずにすむ。思い残すことなく存分に戦い、討死できるぞ」と喜んだという（『本藩人物誌』）。

慶長三年（一五九八）、有栄は弱冠二十一歳で、福山（現・鹿児島県霧島市福山町）の地頭に任ぜられた。父に勝るとも劣らぬ武勇を買われたためである。

西軍が挙兵するなか、義弘の窮状を知った有栄は上京を決意する。福山や浜の市の衆中から

山田有栄（昌巌）墓
薩州島津家墓所（鹿児島県出水市武本・上高城墓地）にある有栄の墓。法名は「昌巌松繁庵主」。

募った人数はわずか三二人だけ。有栄一行は昼夜を分かたず駆けつづけ、義弘のいる美濃大垣に着いたのが慶長五年（一六〇〇）九月十三日。決戦のわずか二日前だった（十一日着到説もあり）。

九月十五日、西軍の敗色濃厚となり、島津方は戦場離脱を決断した。有栄はのちに関ヶ原合戦従軍記ともいえる「山田晏斎《あんさい》覚書」を残している。それには退き口を決行したときの様子が書かれている。

「ようやく鉄炮をひと放ちしたが、敵味方入り乱れて鉄炮が役に立たない。そのまま刀を抜いて敵に向かった。敵勢が充満して敵味方の区別がつかない。敵方の合い言葉は〝ざい〟、味方も〝ざい〟だったので、間違えることが多かった」

有栄は馬で駆け、群がる敵中に突進した。その勢いと素早さに先手の豊久は後方に置いていかれたほどである。三、四町（三、四百メートル）ほど進んで、有栄がふと我に返ると、後ろに義弘の本陣にある一本杉の馬標がもがくように揺れている。敵勢に取り囲まれていたのだ。有栄の手勢は引き返し、義弘を救出して包むように取り囲んで脱出した。このとき、「薩摩の今弁慶」と呼ばれて最先頭で戦っていた木脇祐秀が有栄の加勢を喜んだことはすでに述べた。

義弘主従がようやく関ヶ原盆地を脱し、伊勢街道を南下して駒野峠に差しかかったとき、有栄と桂忠詮《ただあきら》が「閉目《とじめ》」すなわち、しんがり争いをした。そのとき、大野弥三郎が仲裁しながら、「御両所は重臣なので、しんがりは自分が受け持ちます。もし敵が攻めてくれば、手前が討死しますので、その間にお退き下さい」と、自分がしんがりを買って出た。

二人が困惑しているところに、前方を行く義弘から早く追い付くようにという命があった。忠詮が「殿のおそばに参るべし」と進んだので、その日は有栄がしんがりとなった。その話を聞いた義弘は、有栄と忠詮が一日交替でしんがりせよと命じたという（「黒木左近兵衛申分」）。

かくして、義弘主従はわずかな人数で郷里の土を踏むことができた。義弘は有栄の武功に対して、二〇〇石の加増でこたえた。

寛永六年（一六二九）、有栄は五十二歳で肥薩国境の要衝・出水の地頭となる。出水は島津本宗家に敵対した薩州島津家の旧領で、その武士団も気性が荒かったという。しかし、ほどなく有栄の人柄に心服し、冒頭述べたように、「出水兵児」と呼ばれる屈強な武士団となる。

退き口の面白い後日談がある（「薩藩旧伝集」）。薩摩藩二代目藩主、島津光久（義弘嫡孫、一六一六～一六九五）の治世で、関ヶ原合戦からすでに半世紀以上たっていた。光久の世子《せいし》綱久《つなひさ》（一六三二～一六七三）が江戸に出府することになった。北薩の阿久根《あくね》港から出航しようとするとき、出水地頭の有栄のことを思い出し、関ヶ原の武勇談を聴こうと思い立った。急ぎ召し出された有栄は畏《かしこ》まって次のように言上した。

「退き口のことは残らずお話し申し上げますが、それにはまず若殿も三日ほど絶食なさっていただきたい。ただいまのような有様ではとてもお話しできません」

藩主世子を前に不敵にもそう述べた有栄は、さらに両方のまぶたをわざと指でおおげさに開いて座中を見回した。綱久の側近たちは上品な絹製の着物を着ている。有栄は粗末な木綿の上《かみ》下《しも》だった。側近たちは大いに恥じ入ったという。

これは後述する中馬大蔵の有名な逸話とよく似ている。薩摩藩において、退き口の武勇談がその武威を示す重い拠り所となり、後世に伝承されていったことがわかる。

有栄は出水に四十年在住し、九十一歳の大往生を遂げた。すでに四代将軍家綱の治世で関ヶ原からじつに七十年近くたっていた。関ヶ原の最後の生き残りは有栄だったかもしれない。墓は出水市の上高城《かみたかじょう》墓地にある。

「薩摩の今弁慶」、義弘に殉死
木脇祐秀《きのわきすけひで》（一五七七〜一六一九）

島津義弘の馬廻《うままわり》に木脇祐秀（刑部《ぎょうぶ》左衛門、休作《きゅうさく》）という大男がいた。「長八尺」（約二四〇センチ）あったという（『本藩人物誌』）。いささか誇張だろうが、ずぬ抜けた体格の持ち主だったことは間違いない。そのため、本人は武蔵坊弁慶にあやかり、「薩摩の今弁慶」とか「小弁慶」と異称した（「黒木左近平山九郎左衛門覚書」）。

慶長五年（一六〇〇）八月二十三日、関ヶ原合戦の前哨戦となった岐阜城攻防戦のとき、島津勢主力は墨俣《すのまた》の渡しを守り、義弘はわずかな供廻とともに、呂久《ろく》川の佐渡《さわたり》で石田三成や小西行長と軍議を開いていた。このとき、東軍が押し寄せてきたため、三成らは大垣城に退いたが、義弘は前線に残した家来たちを見捨てるわけにいかず、その場に留まった。
墨俣の主力は主君義弘危うしと聞いて急ぎ駆けつけた。その先頭には馬上で長刀《なぎなた》を振るう祐秀がいた（右同書）。

「然るところに、木脇休作殿は馬に乗り、長刀を持ち、呂久の渡しに駆け入り、『薩摩の今弁慶なり』と名乗って、（義弘の）御前に参上した。（義弘は）休作が馬を乗り入れて奮戦するさまをご覧になって、『千騎の競《きお》いである』と仰せになった」

祐秀が振り回した長刀は父祐昌《すけまさ》が拝領したものだった。義弘も祐秀の活躍に感嘆したのである。「千騎の競い」とは、一騎で千騎に匹敵する勢いという意味である。祐秀がまさに一騎当千の強者《つわもの》だったことを示している。

関ヶ原の退き口でも、祐秀は義弘のそばを離れず縦横に奮戦した。祐秀は長刀をもち、「島津兵庫頭の内、小弁慶」と大音声をあげ、猛勢の中に切り入り、敵を数多討ち取り、また義弘のお側に戻ってきた。その後、「私が閉目（しんがり）をつとめますので、ご安心してお引き退き下さい」と告げ、山田有栄とともに敵を防いだという（「神戸五兵衛覚書」）。

こうして、祐秀は義弘を守って無事帰国した。義弘は祐秀に知行五〇石を加増して、その決死の奉公にこたえた。

祐秀は早くから義弘に殉じる覚悟を決めていた。じつは義弘に一度命を救われたことがあったからである。朝鮮陣での最終局面、慶長三年（一五九八）十一月、朝鮮半島南端の順天城《スンチヨン》で孤立した小西行長を救出しようと、義弘は立花宗茂らと救援に向かい、名将・李舜臣《イスンシン》率いる朝鮮水軍と露梁《ノリヤン》沖で海戦になった。

そのとき、祐秀はまるで源義経のように軍船の間を飛び移って戦っていたが、義弘の御座船《ござぶね》に飛び乗ろうとしたとき、敵兵が放った矢があたり、そのまま海中に落ちた。浪《なみ》のまにまを漂い、鎧の重さのために沈もうとしていたそのとき、御座船の船頭が櫓を差し伸べてくれた。それにすがりついて船上に引き揚げられたので、祐秀は辛うじて水死を免れた。

義弘は引き揚げられた祐秀を、みずから膝枕にして傷口に薬を塗ってくれた。祐秀はこれを生涯の感激、御恩とし、この主君のためならばと固く殉死を誓ったのである（「薩藩旧伝集」）。祐秀が義弘のために一身を抛《なげう》ったのには、主従のこんないきさつがあったのである。

元和五年（一六一九）七月二十一日、義弘は加治木《かじき》の居館で八十五歳の大往生を遂げた。このとき、殉死した者は一三人であるが、みな一度に同じ場所で自害したわけではなかった。いちばん多かったのは祐秀はじめ七人で、義弘の棺が鹿児島に送られるのを見送ると、祐秀たちは加治木の実窓寺川原で次々と自害した。祐秀がほかの六人の介錯をしてやり、ひとり残った祐秀は岩と岩の隙間に刀の柄を立て置き、それに上から覆い被さるようにして体を突き立てたという（「薩藩旧伝集」）。壮絶なる殉死である。

義弘を祀った妙円寺（現・徳重神社、鹿児島県日置市伊集院町）には、殉死した祐秀ら一三人も一緒に眠っている。

関ヶ原のスナイパーの数奇な運命
柏木源藤《かしわぎげんとう》（生没年不詳）

退き口が始まると、前途に立ち塞がった井伊直政を狙撃して東軍の動揺を誘ったのが柏木源藤だといわれている。源藤は義弘の譜代重臣、川上四郎兵衛忠兄の郎党だったという。

もっとも、狙撃者については異説が多い。徳川氏の史料によれば、押甲《(川)》江《(強)》兵衛、大野将監、和田源蔵、河上久右衛門など、さまざまである。

直政の負傷部位と程度にも諸説ある。たとえば、井伊家の正式の家譜「井伊家譜」は「創を

木脇祐秀墓・義弘殉死墓

妙円寺跡（現・徳重神社、鹿児島県日置市伊集院町）には、義弘に殉死した木脇祐秀をはじめ13名の墓が建てられている。

実窓寺川原

元和5年（1619）、木脇祐秀らが義弘に殉死した実窓寺川原（鹿児島県姶良市加治木町）。中央が殉死の碑。

被る事二箇所」とするが、部位は書かれていない（『寛政重修諸家譜』十二）。同じく井伊家の記録「井伊慶長記」によれば、玉は直政の右脇腹（右肘とも）に当たったものの、頑丈な鎧だったために跳ね返って右腕を貫いたという。

大将の負傷で前途を阻んでいた井伊勢が崩れたために、義弘主従は辛うじて窮地を脱した。源藤の大殊勲だった。ときに源藤、二十二歳という。

この手柄ゆえか、源藤は義弘の隠居所である加治木に住んだ。川上忠兄の被官から義弘の直臣となって出仕したのではないだろうか。名字も出石と変えたという。だが、その後の源藤は不遇だった。「逼迫《ひつぱく》して町人にまかりなり、子孫断絶いたし候」とある（『本藩人物誌』）。

鹿児島市内の南林寺由緒墓地の一角に、「武山丈心居士《ぶざんじようしんこじ》」と刻まれた墓がひっそりと建っている。江戸時代中期の明和六年（一七六九）に建立されたものらしい。法名しか刻まれていないが、これが柏木源藤の供養墓である（「称名墓志」巻二）。

なぜ源藤は落魄《らくはく》したのか。それをうかがわせるような逸話が南林寺の由緒書《ゆいしよがき》にある。源藤は井伊直政の死去を知ってこれを哀れみ、「弔死《ちようし》の志をもって墨染の法衣を身にまとい、廻国修行に郷関《きようかん》を出《いで》しが、また帰らず、その終焉の地、果して何処《いずこ》なるか、勇士の末路、憐れにもま

柏木源藤供養塔
南林寺由緒墓地（鹿児島県鹿児島市南林寺町）の一角にある柏木源藤の供養塔。石には「武山丈心居士」と法名が刻まれている。

た遺憾なり」とある（「旧南林寺由緒墓志」）。

直政の死を知った源藤には、どんな思いが去来したのか。ほんの一瞬の出来事が徳川四天王と勇名を馳せた武将の一命を奪ってしまったことに、世の無常を感じたのかもしれず、それが出家と放浪につながったのだろうか。

もっとも、これは江戸時代に「島津の退き口」が称揚されるのに伴ってこしらえられた逸話かもしれず、真偽のほどは不明である。

押っ取り刀で関ヶ原へ

中馬大蔵《ちゅうまんおおくら》（一五六四〜一六三五）

中馬大蔵（大蔵允重方《おおくらのじょうしげかた》）といえば、あまりに有名な次の逸話を語らなければなるまい。

江戸時代はじめのことである。鹿児島城下の二才《にせ》（青年）たちが二五里（約一〇〇キロ）の道を歩いて、北薩出水郷の武主《ものぬし》で西目《にしめ》村脇本の御仮屋守《おかりやもり》をしている中馬大蔵を訪ねた。御仮屋守とは、藩主が参勤交代で乗着船するとき、休憩や宿泊をする居館を守衛する者である。

慶長五年（一六〇〇）の関ヶ原合戦からすでに二、三十年たっていた。大蔵もすでに還暦を越えていただろうが、合戦従軍者のなかの数少ない生き残りだった。二才たちは城下の咄合《はなしあい》中《ちゅう》（のちの郷中教育の前身）に属し、関ヶ原の合戦談を大蔵からじかに聞くために、はるばるやってきたのだ。

応対した大蔵は二才たちが麻上下《かみしも》の盛装をしているのを見て、自分も盛装し、威儀《いぎ》を正して二才たちと対座した。二才たちが「後学のために、ぜひに関ヶ原での武勇談をお伺いしたい」と頼んだ。二才たちは大蔵の口から出てくる言葉を一言も聞き漏らすまいと真剣な眼差しを向けている。

ところが、話を切り出そうとした大蔵だったが、意外な成り行きになった。
「(中馬は) 麻上下で床を背にして坐り、『関ヶ原と申すは……』と言い出したものの、みるみるうちに感涙があふれ出て、それから先、一言も語ることができなかった。二才衆も同様で、しばらく呆然とするしかなかった。二才たちは帰路の道すがら、関ヶ原の話はこれまで何度も承ったが、そのどれよりも優れていたと語り合い、言葉にできないほどの難儀を思いやったという」(『薩藩旧伝集』)

大蔵の朴訥《ぼくとつ》で涙もろい性格が察せられるとともに、二、三十年の時が経過しても感極まって言葉に詰まるほど、退き口が言葉に言いつくせないほど苛酷だったことを示して余りある。

では、中馬大蔵とはどんな人だったのか。関ヶ原で壮烈な討死を遂げた同郷の友人長野勘左《かんざ》衛門《えもん》は「大蔵事は人に勝《すぐ》れ、力もつよき人」だと述べている(「長野勘左衛門由来書覚書抜」)。島津氏の三州統一戦での武功も枚挙にいとまがない。

また義弘のお気に入りの家来だったらしく、「中馬大蔵殿は惟新(義弘)公別して御秘蔵の人」とまでいわれている(「薩藩旧伝集」)。大蔵が市来郷《いちき》に住んでいたとき、地頭と行き違いを起こした。そのため、知行や屋敷を召し上げられて親類付きとなり、蒲生に蟄居していたとき、義弘は毎年末、ひそかに米二俵を贈りつづけたという（『本藩人物誌』）。

慶長四年（一五九九）一月、義弘は朝鮮での武功により豊臣政権から出水の薩州島津家旧領など五万石を与えられた。それに伴い、大蔵も出水に移って知行を得た。

同年秋、東西激突の形勢になった。義弘の命に応じてその重臣川上忠兄が出水の米ノ津港《こめのつ》から兵を率いて上ると聞いた大蔵は友人の勘左衛門と米ノ津港に駆けつけたが、すでに船は出航していた。大蔵が大声で叫んでも船は戻ってこない。すると、大蔵は何を思ったか、陸路を走り出し、夜を日に継いで、そのまま関ヶ原まで千数百キロを走破したという。義弘が喜んだことはいうまでもない（「関ヶ原御一戦書抜中馬大蔵丞由来書出之内」）。別の一説によれば、大蔵が畑で耕作しているとき、陣触れを聞き、そのまま鑓をもって駆け出したという（「薩藩旧伝集」）。

だが、関ヶ原では敗軍となった。わずかな人数の義弘主従は三日間、伊勢や近江の山中を逃避行した。大蔵は義弘の乗った駕籠《かご》の後ろを担って走った。山中なので食料もなく、主従は三日も絶食し、飢えはじめた。しかたなく軍馬を食料にせざるをえなかった。駕籠の先肩を担っていた家来が馬の片枝肉を義弘に差し上げようとした。そのとき、大蔵は次のように制止した

（『薩藩旧伝集』）。

「そなたはその馬肉を殿へあげてはならぬぞ。それは我々の食い物である。殿は我々に担われておられるのだから、気遣いする必要はない。我々が腹が空いてくたびれたらどうする。だれが駕籠を担ぐのだ。だから、殿にあげるのはもったいない」

大蔵のずけずけした物言いに、義弘の苦笑いする顔が見えるようである。

かくして、義弘を守って無事帰国した大蔵は五〇石を加増された。寛永十二年（一六三五）十二月二十八日、大蔵は生涯を終えた。享年七十二。

剛力無双、されど家老狙撃の暗殺者
押川強兵衛《おしかわごうべえ》（一五七一〜一六二九）

「島津の退き口」に関わった人物は面白い者が多いが、押川強兵衛（はじめ郷兵衛、公近《きみちか》）ほどアクが強くて悪運に恵まれた者もいない。

若き島津義弘が四カ国（薩摩・大隅・肥後・日向）の国境を接する要所・日向国真幸院《まさきいん》（現・宮崎県えびの市）に赴任したとき、強兵衛の祖父はそれに付き従った六〇人の家来の一人。つまり、押川家は島津家中でも、義弘譜代といってよい股肱《ここう》の臣だった。

朝鮮の陣でも、きわどい武勇談が多い。文禄の役のときだろう。義弘が鷹狩に出たとき、加藤清正の陣所から刀の抜き身をもった者が走り出てきて、それを五、六人が追いかけていた。そして「その科人《とがにん》を討ち果たしてくれ」と叫んだので、強兵衛が近づくと、科人が斬りかかってきた。強兵衛はもっていた鉄炮でそれを受け止めながら、脇差で科人を刺して討ち果たした。あとで加藤家から小袖や皮道服《かわどうふく》が御礼として贈られた。

もうひとつ、鷹狩にまつわる話がある。鷹狩で白鷺を撃ち落としたところ、木の枝に引っかかって落ちないため、強兵衛が鉄炮を腰に差して木に登ったところ、朝鮮兵一五、六人が突如攻めかかってきた。木の下から半弓で上に向けて次々と矢を射る。強兵衛はそれをよけながら、木の上から鉄炮で、一人二人射殺したため、みな逃げ去ってしまったという（『本藩人物誌』）。

慶長五年（一六〇〇）関ヶ原合戦でも、強兵衛は義弘に従って参戦した。伏見城攻めでは義弘の命で城中に忍び込んで物見をし、委細言上している。

前哨戦となった岐阜城攻防戦の折、島津勢は墨俣の渡しを守っていた。そこへ東軍が押し寄せてきた。川向こうの桑畑に敵兵が見え隠れしている。日没前、強兵衛は「敵の様子を見物しに参る」と大胆にも物見に出かけた。夜になってようやく帰ってくると、敵兵の首級を持参していた。

これを喜んだのは石田三成である。岐阜城が落ち、合渡《ごうと》の渡しを東軍に打ち破られるなど敗北続きだったから、士気を高めるきっかけになると考えた。そして強兵衛の武勇を「大垣の太刀始め」だと賞して、強兵衛に大判一枚を褒美として与えた。これは天正大判で、本来軍用か贈答用である。大判一枚は小判一〇枚分、すなわち額面では金一〇両の値打ちがある。だから、仲間たちは強兵衛を羨ましげに見ていた（「神戸久五郎覚書」）。

「島津の退き口」になると、強兵衛は義弘と離れ離れになってしまい、はぐれ組となって伊吹山の山中をさまよっているとき、東軍に生け捕りにされてしまう。そのとき、強兵衛はとっさに三成からもらった大判を土中に埋めた。

成敗されそうになったとき、たまたま家康の側近で島津家の取次をつとめた山口直友が見かけて、強兵衛を引き取ってくれた。強兵衛は運がよかった。直友は強兵衛に衣服や刀の大小を与えた。

しかし、強兵衛は拝領した大小を残して、恩人の直友の所をひそかに抜け出した。そして、ちゃっかりと土中に埋めた大判も掘り出して上方に向かった。

途中、くたびれて道端のお堂で寝込んでいたところを、刀を抜く鯉口《こいぐち》の音で目ざめ、その盗賊と格闘し、脇差を奪ってその首を打ち落としている。その足で、強兵衛は洛中にある近衛信《このえのぶ》尹《ただ》（前左大臣）邸に転がり込んだ。近衛家は島津家の主筋で親しい間柄。信尹自身も秀吉の命で流罪となって、薩摩半島西南端の坊津《ぼうのつ》に滞在したこともある。

強兵衛は近衛家の庇護を受けたのち、無事帰国した。先に帰っていた義弘は大いに喜び、五〇石を加増した。このとき、義弘から郷兵衛を強兵衛と改名するよう命じられた。義弘から強者のお墨付きを得たのである。

その後も強兵衛にとって、関ヶ原はまだ終わっていなかった。三虚空蔵《さんこくぞう》参りと称して巡礼姿となり、三年間諸国を行脚した。その目的は戦場で行方知れずとなった島津豊久の安否を探ることだったという。義弘がまだ豊久の討死を知らなかったとは思えないから、あるいは別の目的があったのかもしれない。

一方、強兵衛には陰の面がある。三虚空蔵参りも一種の隠密活動だが、さらに暗殺にも手を染めている。強兵衛は義弘の蔵入地がある川内高城《たき》（現・鹿児島県薩摩川内市）の代官をつと

島津義久墓
島津家の菩提寺だった福昌寺跡（鹿児島県池之上町）にある。滑らかな黄褐色の山川石で作られた宝篋印塔。

島津義弘墓
福昌寺跡島津家墓地にある義弘の宝篋印塔。義久の墓からほど近い。またそばには亀寿の墓もある。

めていた。慶長十五年（一六一〇）六月十九日、太守島津義久の家老・平田増宗《ますむね》が地頭をつとめる入来院清敷《きよしき》郷（現・鹿児島県薩摩川内市入来）から私領の郡山に向かう途中、土瀬戸越《つっせとごえ》で鉄炮で撃たれて暗殺された。これが強兵衛の仕業だった。

強兵衛に暗殺の密命を下したのは忠恒改め家久（同十一年改名）だという。家久はこれに先立ち、川内の久見崎《ぐみさき》港から船で上方に上ろうとしていた。強兵衛は久見崎の仮屋に呼ばれ、取次の土持平右衛門から増宗を暗殺せよという家久の内命を伝えられた（「薩藩旧伝集」）。

増宗は義久の信頼する家老だが、家久の家督継承に反対する勢力の中心人物で、垂水家の島津忠仍《ただなお》（義久二女新城の男子）を新たな家督に据えようとしていた。義久も増宗の動きを黙認していた節がある。だから、家久の憎しみは増宗に集中した。

強兵衛は、三年前に増宗暗殺の密命を受けたまま果たさずにいた桐野九郎右衛門（幕末の志士桐野利秋の先祖）を呼び出して、入来郷と郡山郷の境目である土瀬戸越で待ち伏せた。増宗は供廻七、八人を引き連れていた。強兵衛たちは鹿垣《ししがき》の裏で待ち構え、一行が通り過ぎるのをやり過ごし、四、五間（約七・二〜九メートル）離れて、鹿垣の切れたところから、二人で同時に狙撃した。玉は命中し、増宗は刀を半分抜きかけたまま倒れて絶命したという（右同書）。

ところで、強兵衛に密命を下したのは家久だったのだろうか。この頃、島津家中には義久・義弘・家久という「三殿」がおり、家臣団もそれぞれ別個に編成されていた。とするなら、強兵衛の主君はだれかということになる。強兵衛が義弘の蔵入地の代官をしていたのは間違いない。またあとで述べるように、強兵衛は義弘に殉死しようと考えていたし、家久から召し抱えたいという申し出もあった。強兵衛の主君は義弘しかいない。

家久が義弘の子息とはいえ、義弘の頭越しに強兵衛に家老暗殺という重大な密命を下せるものだろうか。「義弘の内命」と指摘する研究もある（桃園恵真・一九七八）。したがって、義弘の密命だったか、少なくとも義弘が暗黙の了解を与えたと見たほうがよいのではないか。江戸時代、義弘の神聖化、伝説化が推し進められただけに、義弘の陰の部分が隠蔽《いんぺい》されているとも考えられる。

増宗暗殺から半年後、信頼する家老を失った義久は失意のまま他界してしまうから、家久の家督継承に反対する者はほとんどいなくなった。まさに義弘・家久父子の義久に対する事実上のクーデターが成就したといえる。強兵衛は島津本宗家内の暗闘に関わっていたのである。

強兵衛はこの暗殺一件により三六石加増された。この事件から九年後に義弘は他界するが、義弘存命中から強兵衛は殉死しようと思い定めていた。ところが、家久が強兵衛を召し抱えたいと所望したため、義弘は強兵衛に殉死を禁じた。強兵衛はそれから家久のいる鹿児島に移っている。

強兵衛は寛永六年（一六二九）、腫れ物を患った。心配した家久が見舞いに来た二日後に他界した。享年五十九。家久がわざわざ見舞いに来たのは平田増宗暗殺に恩義を感じていたからではないだろうか。強兵衛はその生涯で「人を殺害する事百六十人余」と記録されている（「薩藩旧伝集」）。もしかすると、強兵衛の実像は歴史の闇に暗躍した恐るべき人物だったのかもしれない。

島津家安泰を見届けた墨染の家老
新納旅庵《にいろりょあん》（一五五三〜一六〇二）

「島津の退き口」で生き残って、大坂までたどり着いた者はわずか七六人である（「惟新公関原御合戦記」）。しかし、この数字は誤解を招く。これが島津勢の生き残りのすべてではない。この人数は義弘とともに大坂に戻ってきた者たちだけなのである。そのほか、乱戦の途中で義弘とはぐれてしまった者たちが相当数存在したことはあまり知られていない。義弘の家老新納旅庵の家譜には次のように書かれている（『鹿児島県史料　旧記雑録拾遺 諸氏系譜 一』）。

「関西の軍が敗れ散乱したとき、義弘の旗本と別れ、どこに去ったか知らなかった。喜入《きいれ》摂津守、入来院《いりきいん》又六、本田助之丞《すけのじょう》、同勝吉、押川江《（強）》兵衛、同喜左衛門、五代舎人《とねり》以下、士卒三〇〇ばかりが下馬して伊吹山の麓にたむろしており、戦死するか、腹を切るか、評議が定まらなかった」

義弘の本隊とはぐれてしまい、義弘の安否が不明なまま別行動をとった者たちが、じつに三〇〇人もいたのである。旅庵たちも二、三人ずつに分かれてひそかに入京し、洛北の鞍馬山に潜んだ。合戦から三日後の慶長五年（一六〇〇）九月十八日のことだった。ところが、通報があったのだろう、早くも東軍方に察知され、山口直友の率いる五〇〇人の軍勢に囲まれたため、旅庵たちは降伏のやむなきに至った。

旅庵が捕らえられたときの逸話がある（「薩藩旧伝集」）。それによれば、旅庵は本田助丞と一緒に鞍馬寺に潜んでいたが、東軍の検使たちが押し寄せてきた。二人は寺の二階に走り登って切腹することに決めた。旅庵が末期《まつご》の水を所望したので、従者が階下に下りて水汲みに行くと、庭先に検使がいた。見れば山口駿河守直友である。従者が急ぎ駆け上がって「駿河守様でござる」と注進した。旅庵は直友と旧知の間柄だったので驚き、急ぎ二階から駆け下り、白砂に平伏した。こうして、旅庵と助丞は捕らえられて京都に護送された。

旅庵は名前のとおり、僧籍の人である。日新斎《じっしんさい》こと島津忠良の信頼する家老新納康久の三男。早くから出家し、遊行《ゆぎょう》の同念上人《しょうにん》（時宗《じしゅう》の指導者）に従って諸国を遍歴すること十七年に及んだ。そして、肥後国八代《やつしろ》の荘厳寺の住職をしていたとき、兄久饒《ひさとも》が島津義久の密命を帯びてやってきて、諸国遍歴の経験を活かすため、還俗《げんぞく》するよう勧めた。再三固辞したが、根負けしてついに還俗し、その命で義弘の家老となった。

西軍が上方で挙兵したとき、旅庵は国許にあったが、義弘のたっての願いにより、七月二十八日、大坂に着到している。島津勢が美濃に進出していた八月十八日、旅庵は国許の家来衆五人に対して条書《じょうがき》の書状を送っている。一種の遺書かもしれない。その第一条には「今日までは、我等も存生《ぞんじょう》罷りおり候事」とある。今日の時点ではまだ生きていると淡々と書いているのが、むしろ、明日をも知れぬ戦場の切迫感が伝わってくる。第六条には「たとえ私が果ててしまっても、娘一人あるので、各方面から借財の取り立てもあるかもしれないが、取り納めも油断なく調えてほしい」とあり、討死したら、娘一人残ることへの不安ものぞかせている（三―一一五六号）。

さて、旅庵たちを捕らえた山口直友は家康の側近で、長く島津家に対する取次役をつとめていた。だから、旅庵が島津家中の大物であることを知っている。大坂に護送された旅庵たちは厳しい尋問を受ける。とくに義弘が西軍の首謀者であるかどうかを問い質された。旅庵は義久の三女亀寿《かめじゅ》が忠恒夫人で、大坂に人質になっていたため、致し方なく西軍に属したと弁明した（三―一二六〇）。

旅庵の懸命の働きもあり、義弘への嫌疑も薄れ、島津氏赦免の方向性が定まった。慶長六年（一六〇一）三月、家康の使者が薩摩に下向するとき、旅庵もそれに同行して帰国したのをはじめ、上方と薩摩の間を何度か往復し、和睦のために奔走した。

もっとも、降伏した旅庵たちに対して、島津家中から徳川寄りになっているのではないかという猜疑の目もあった。そのせいか、旅庵は義久・義弘・忠恒に決して二心ない旨の起請文を提出している（三―一六七一号）。

結局、同七年（一六〇二）十月、忠恒の上京により戦後処理は終わり、島津家は本領安堵された。忠恒は旅庵の功労を賞して三〇〇石を加増した。

十月二十五日、忠恒が大坂に滞在しているとき、旅庵は急に病を発し、翌日他界した。島津

島津義弘公馬上姿〔部分〕（鹿児島市立美術館蔵）

昭和10年（1935）、紙本着彩・軸装。義弘の生誕400年を記念して描かれた義弘の肖像画。鹿児島の画家小松甲川（1857～1938）が制作。金覆輪を施した筋兜に色々威胴丸をまとった義弘が描かれる。参考にされた甲冑は、朝鮮から帰国した義弘が、牧聞神社に奉納したといわれるもの。作画当時この甲冑は失われていたが、それを模写したものが島津家にあり（尚古集成館現蔵）、これを参考に描かれた。

家の安泰を見届けての死だった。

最年少十四歳で従軍、無事帰還 松岡千熊（一五八七〜？）

島津の退き口に弱冠十四歳の少年が従軍し、無事帰還したことはあまり知られていない。十四歳といっても数え年であり、今なら中学一年生くらいである。大人でも苛酷で多くの死傷者や脱落者が出た退き口を、まだあどけない少年がよくぞ踏破できたものだと感嘆する。

退き口当時、その少年は松岡千熊と名乗っていた。千熊は千熊丸の略かもしれないと思ったが、千熊之允とも名乗っていた形跡がある（「神戸久五郎覚書」）。これなら幼名ではなく通称になるだろうか。ともあれ、関ヶ原に結集した島津軍兵士のなかで、千熊が最年少だったことはたしかだと思われる。

千熊のことは退き口体験者の手記に時折登場するが、それ以上に彼の足跡を示す自身の手記がじつはいろいろな名前で大量に残されていることに気づいた。『旧記雑録後編三』所収の手記のうち、「神戸五兵衛覚書」「神戸五兵衛関ヶ原之覚」「神戸休五郎咄覚」「神戸久五郎覚書」「瀬戸口休五郎覚書」などの書名は、おそらくすべて千熊の手記、書上《かきあげ》だといってよい。千熊は長命を保ったこともあり、島津の退き口について、知る人ぞ知る語りべでもあったといえよう。

ところで、なぜ千熊は何度も名乗りを変えているのか。そして書名の違う手記がすべて千熊のそれなのか。

千熊の父ははじめ、神戸休五郎といい、伊勢国出身。田中岩助という武士の三男だったが、神戸左馬頭（戸木《へき》御所の木造大膳亮の目付）の婿養子になり、神戸休五郎と名乗った。しかし、織田信長の没後、阿波津（安濃津か）で浪人をしていたとき、嫡子千熊が伏見で義弘に召し抱えられた。休五郎は千熊とは別に、越前の丹羽長秀に一五〇〇石の約束で召し抱えられることになっていたが、義弘の家老、新納旅庵から「年少の子を一人薩摩に下して、貴公が北国へ参られるのは心許ないかぎりである。たとえ知行がすくなくとも、三〇〇石下されるので、千熊と同様、薩摩に下られてはどうか」と勧められた。それから休五郎も義弘に仕えることになり、これを機に松岡勝兵衛と名乗りを改めたという（『本藩人物誌』）。だから、千熊も松岡名字となった。

なお、神戸休五郎こと松岡勝兵衛は関ヶ原の前哨戦である伏見城の戦いで、同城松ノ丸口を攻める副将格である脇奉行をつとめた。八月一日未明、勝兵衛は五代舎人《とねり》とともに一番鑓をつけ、石垣の中ほどまで登ったが、下に落ちたところを城の狭間からの狙撃により草摺のはずれを撃ち抜かれて「十死一生」の深手を負った。義弘からじかに薬を与えられて何とか助かったが、腰が動かないため、大坂に護送されている（右同書）。

右同書によれば、千熊は退き口のあとに神戸久五郎と名乗りを変えている。父休五郎と似ていて煩わしい。当初、「神戸久五郎覚書」あるいは「神戸久五郎咄覚」は父松岡勝兵衛の手記だと勘違いしていたほどである。また右に挙げた書名も千熊の手記とみてよい。たとえば、手記中に「我等親松岡勝兵衛と申す者」云々という一節があったりするからである。

なお、同一人なのに書名が違うことからわかるように、千熊はたびたび名乗りを変えている。父の名字だった神戸から松岡へ、その後、神戸に復姓したり、瀬戸口に改姓したりしている。その理由は不明だが、神戸名乗りは父勝兵衛とは別家を立てて旧姓に戻ったのかもしれない。通称も千熊から久五郎（休五郎）、五兵衛へと改称していることが確認できる。

千熊がわずか十四歳にもかかわらず、なぜ関ヶ原合戦に従軍したのか。それは父勝兵衛が伏見城の戦いのとき、鉄炮で腰に重傷を負ったため、父の陣代として出征したものと思われる。

千熊の手記のなかで注目される記事をいくつか挙げてみよう。まず、義弘が西軍に加担するきっかけになったとされる徳川家康から伏見城留守居を依頼されたとする通説について、鳥居元忠・内藤家長らに対して、本丸を明け渡すよう何度か申し入れたが、城方から拒絶されたことが書かれている（『神戸久五郎咄覚』）。

さらに、関ヶ原決戦に至る直前、大垣城の西軍と赤坂の東軍が対峙している状況下における島津勢の動向の一端も書かれている。日にちが不明だが、岐阜城が落ちた八月二十三日より少し前、赤坂と岐阜の中間にある曽根周辺で島津勢が遊撃戦を展開しているのである。東軍の一部が長良川を渡って曽根付近まで進出してきたのをゲリラ的に奇襲をかけている。この戦いでは河田源兵衛や野村弥次郎、それに加勢した本田伊賀守（親正）の活躍の様子が描かれている。とくに源兵衛は馬上の屈強な武者を鉄炮で射落とした。その手柄を石田三成に賞され、国広の太刀を拝領している（右同書）。

余談ながら、「美濃国雑事記」に、九月十四日、清洲から赤坂にひそかに移動しようとする徳川家康が本巣郡柿の木戸（垣ヶ木戸）で川上左京亮久林率いる島津勢に襲撃され、あわやという事態に陥ったという記述がある。同書はとても信用できず荒唐無稽だと一笑に付していたが、柿の木戸は曽根に近いと思われる。曽根あたりでの島津勢の後方攪乱作戦が誇大に喧伝されたものではないだろうか。同時に、曽根周辺での遊撃戦は島津避戦論に対する反論にもなっているかもしれない。

八月二十三日夜、岐阜城が落城したとき、島津勢は長良川に面した墨俣の渡しを守っていた。すると突然、石火矢（大砲）の大きな音が響いた。その音を聞きつけた義弘が千熊に「お前はこのあたりが地元だから、あれは岐阜の城ではないのか。見てみろ」と声を掛けた。千熊は堤に登って音のする方をみたら、紛うことなく岐阜城の方角だった。しかも夜が明けてからも石火矢の音がし、火の手も上がっていた。そのことを報告すると、義弘は「何とも笑止なることか」とつぶやいたという（「木脇休作働 神戸五兵衛覚書」）。義弘は岐阜落城が西軍にとってどれほどの痛手か即座に理解したのだろう。

義弘と千熊のこのやりとりを見ていると、千熊は義弘のそば近くにいて小姓的な役割を果たしていたのではないかと思われる。義弘は千熊が若年だったから、そばに置いて身のまわりの世話をやらせていたのかもしれない。

千熊の手記には石田三成の動きやいでたちについて貴重な情報が書かれている（「神戸久五郎覚書」）。墨俣の渡しを守っていた義弘は三成から呼ばれて呂久の渡し近くの佐渡に赴いた。

三成は岐阜落城という事態への対応策を僚将の義弘や小西行長と練ろうとした。このとき、義弘に従ったのは家老の新納旅庵のほか、新納忠増・入来院重時・喜入忠政・川上久智・本田親存・矢野主膳など十余人のみだった。

軍議を開いていたとき、俄に東軍の兵が押し寄せてきた。これは黒田長政・藤堂高虎・田中吉政など岐阜城攻めに間に合わなかった諸将だった。敵がいまにも攻めかかってきそうだったので、三成は大垣城に退こうとし、義弘に同行を求めた。しかし、義弘は軍勢のほとんどを墨俣の渡しに残していたので、同行を断り、あとから追いかけると告げた。

義弘主従がようやく墨俣の渡しの兵たちと合流して大垣に引き揚げようと急いでいるとき、前方から騎馬武者が駆けてくる。

「黒具足、甲の立て物には水牛の角立て物仕り候武者、早道にて此方《こなた》えかけ（駆）むき（向）申し候」（右同書）

供衆も引き連れず単騎で駆けつけてきたのは、何と、石田三成その人だった。三成は「惟新様がご辛労なされていると聞いたので、お見舞いに参った」と告げた。義弘主従を見捨てる形で大垣城に退いた三成はバツの悪さを覚えたのか、義弘主従を迎えに来たのだった。関ヶ原合戦におけるいでたちがわかるのは千熊の手記のおかげである。

千熊の手記には、ほかにも関ヶ原での西軍の布陣のなかで、島津勢が「二番備」だったことか、退き口に打って出たとき、ただちに伊勢街道をめざしたのではなく、一度は九州の諸大名が守っている大垣城に入ろうとしたこととか、退き口での乱戦で義弘の供廻がわずか五十人ほどになり、目立たないように馬印も捨てたことなど、貴重な情報が含まれている。

島津勢は退き口を敢行し、伊勢街道から大坂をめざした。千熊も義弘のそば近くを離れず同行し、ようやく大坂にたどり着いた。すでに大坂では義弘が討死したという噂が広まっていた。留守を守っていた島津家中の人々が落胆しているところに、泉州堺までたどり着いた義弘の使者によって、その健在が伝えられたのである。

その頃、島津家の大坂屋敷では留守居の兵たちが具足と甲で完全武装して殺気立ち走り回っていた。そこへ関ヶ原からたどり着いた連中が帰ってきた。そのなかに千熊もいた。留守居の兵のなかに黒具足の大男が大きな枝を突き立てて、門に入ろうとするのをとがめ立てた。千熊はその男が父勝兵衛に似ているなと思っていると、「千熊ではないか」と声をかけられた。やはり父だったのである。父子は手に手を取り合って長屋の二階に上がった。そこには母親と弟妹がいて大喜びし、「これは夢ではないか」と落涙した。家族たちは千熊が若年なので関ヶ原で義弘と共に討死したに違いないと覚悟を決めていたところ、千熊がひょっこりと帰ってきたから、「さても不思議なることかな」と随喜の涙を流したという（「瀬戸口休五郎覚書」）。

帰国後、千熊は義弘からその忠節を賞されて、父とは別に百石を与えられた（「旧記抄」）。

千熊の手記のなかに、「木脇休作働 神戸五兵衛覚書」とか「神戸五兵衛関ヶ原覚書 井尻弥五助奉公之次第」というのがある。前者は島津勢のなかで「今弁慶」とうたわれた豪傑である木脇休作祐秀の嫡男木脇三右衛門祐為に宛てた覚書で、祐秀の活躍のさまを詳しく伝えたもの。後者も同様に、弥五助の子か孫と思われる井尻喜兵衛に弥五助の活躍の様子を伝えたものである。その年次は寛文四年（一六六四）である。関ヶ原合戦からじつに六十年以上経過しており、すでに四代将軍家綱の治世だった。それでも、千熊はまだ存命しており、当年七十八歳になっていた。

長寿を得た千熊は数少ない関ヶ原の生き残りとして、次世代の島津家中に退き口のありさまを伝える語りべの役割を果たしていたのである。残念ながら千熊の没年は不明だが、八十以上の長命だったのではないだろうか。

おわりに――退き口の総決算と義弘のその後

退き口の死者たち

島津の退き口の総決算の一環として、死者の人数を確認しておく必要がある。「殉国名藪《じゅんこくめいそう》」と題した、鎌倉時代から江戸時代後期までの戦死者や殉死者を年代順に網羅した記録がある。そのなかに関ヶ原合戦の死者の名前を列挙した交名《きょうみょう》がある（三一一三〇三号）。すべての戦死者を網羅したわけではないだろうが、名字をもたない小者《こもの》・中間《ちゅうげん》・夫丸《ぶまる》といった軽輩《けいはい》身分の人々の名前も掲載されており、可能なかぎり調査した形跡がうかがわれる。日付別に整理してあるので紹介しよう。括弧内は名字がなかったり名前が不明の軽輩身分の人々である。

九月十五日‥二四六人（二九人）

十八日：一人
二十三日：三三人（七人）
二十八日：一九六人（一七七人）

死者合計は四七六人。そのうち、武士身分（給人《きゅうにん》・陪臣《ばいしん》・道具衆など）ではない軽輩身分（小者・中間・夫丸など）は二二三人と約四五パーセントを占める。

十五日は関ヶ原決戦当日で、意外と戦死者が少ない印象をうける。二十三日は一所衆の入来《いりき》院重時《いんしげとき》主従、二十八日は相当数が森江沖海戦の戦死者であるとともに、ほとんどが軽輩身分で、十五日決戦の死者も相当数含まれていると思われる。

関ヶ原合戦に従軍した島津氏の将兵がおよそ一五〇〇人なら、この交名による死者の割合は三分の一弱である。義弘からはぐれてしまい、のちに帰国した人数も数百人いたと考えられることから、実際はあと数百人の死者があったものと推定される。おそらく全体の三分の二程度が戦死もしくは行方不明になったのではないか。改めていうまでもないが、退き口が夥《おびただ》しい犠牲によって遂行されたことを物語っている。

加増された者たち

多数の討死者とは対照的に、一握りながら加増された者たちもいた。義弘を守って帰国した家来たちである。『旧記雑録後編三』には、義弘が家来たちに与えた感状一三点が収録されている。

そのほか、加増された家来たちの交名二点があり、それぞれ三九人、三七人の名前と加増分が記録されている（三―一二〇九・一二一一号）。右の感状を与えられた一三人のうち、四人は含まれていない。交名二点にも異同があるので、それらを整理して、加増高順に列挙してみると、判明しているだけで四三人いることがわかった。

［二〇〇石］　三人
頴娃《えい》弥市郎・山田民部少輔（有栄）・桂太郎兵衛尉（忠詮）
［一〇〇石］　六人
本田源右衛門・白坂与竹・伊集院半五郎（伴五郎）・指宿《いぶすき》清左衛門・松岡千熊・右松安右衛門尉
［五〇石］　二〇人
本田小源五・二階堂弥六・後醍院喜兵衛《ごだいいんきべえ》尉・谷口六郎・花堂佐左衛門（三〇石とも）・本

田吉蔵・薗田清吉・鎌田右兵衛尉・南郷覚右衛門・伊地知《いじち》掃部兵衛尉・荒田助三郎・黒木太郎次郎・大学坊・中馬大蔵允《ちゆうまんおおくらのじよう》・長山半六・棈松《あべまつ》三右衛門・黒田与一左衛門・曽木《そぎ》弥次郎・井尻弥五介・大田弥市
[三〇石] 六人
松田市右衛門・若松市兵衛・野元弥六・安楽五郎左衛門・宮牟礼《(石牟礼か)》十郎・江浪彦三郎
[一〇石] 六人
大重平六・有馬善左衛門・松下喜左衛門・少納言・小川与三左衛門・江口作兵衛尉
[加増高不明] 一人
横山休内(弓内)
[刀一腰拝領] 一人
北郷《ほんごう》小兵衛尉

このうち、特色のある人物を挙げてみる。

二〇〇石の三人はいずれも一所衆か地頭クラスの重臣で、家格に応じた加増だろう。一〇〇石の右松安右衛門尉は関ヶ原から参加したのではなく、長く大坂在勤をしていた家来である。それが一〇〇石加増されているのはよほどの働きがあったのだろうか。

同じく破格とも思える一〇〇石の松岡千熊は松岡勝兵衛（はじめ神戸休五郎）の子である。弱冠十四歳で義弘に付き従い、関ヶ原から無事帰国して、それまでの一五人扶持から大幅な加増にあずかった（『本藩人物誌』）。

なお、五〇石の大学坊は僧侶か山伏だろう。使僧や「山くぐり」（密使）の働きが評価されたものか。詳しくは不明である。一〇石の少納言は女性だろう。亀寿《かめじゅ》か宰相殿の侍女で何らかの手柄があったのだろうか。

このほかにも史料には表れないが、加増された者がいたと思われる。もっとも、同じく生き残りでも、はぐれ組には義弘からの加増があった形跡がない。やはり義弘をそば近くで最後まで守った者が加増対象になったのかもしれない。

義弘主従を苦しめたもの

退き口のもうひとつの特徴として、堺・大坂にたどり着くまでの数日間で義弘主従を苦しめたものが二つあった。それは東軍の追っ手ではない。東軍の追撃は関ヶ原の戦場で終わってお り、伊勢街道に入ってからはなかったからである。では何かといえば、ひとつは飢えであり、もうひとつは途中で遭遇した村の人々である。この両者は密接に関連している。

飢えをしのぐには途中の村から食料を調達しなければならない。村人が同情的もしくは協力的なケースは稀である。ほとんどの村にとって落武者は村人の生命・財産を脅かす潜在的な侵入者か外敵である。彼らは外敵を撃退するために武装しており、鑓・刀だけでなく鉄炮さえもっている。村を守るために結束するのが村の論理でもある。領国から遠く切り離された少数の落武者集団がその結束を突破するのは容易なことではない。

義弘主従が武器と戦闘力で一時優位に立っても、村人が結束すれば、たちまち逃走せざるをえないのである。だから、義弘主従は自分たちの身分を隠したり、下手《したて》に出て援助を乞い、また食料の対価を何らかの形で支払うことによって村人との融和を保つ努力をしなければ、退き口を完遂することは不可能だったのである。

義弘を支えたもの

義弘が西軍に加担せざるをえなかった最大の理由は嫡男忠恒夫人の亀寿の存在だった。彼女を守り抜くことが、島津氏家中で孤立気味の義弘の政治的立場を守り、忠恒の家督を強化する唯一の手段だったのである。

そのために義弘には生き抜いて帰国することが至上命題となった。もし義弘が死ねば、忠恒は実父という最大の後見人を失い、家中で多数を占める反対派によって政治生命を葬り去られ、家督も失った可能性が高い。一方、義弘が生き残っても、亀寿が亡くなれば、義久の激怒を買い、忠恒の家督はたちまち取り消されただろう。義久には外孫の忠仍《ただなお》（二女新城の子、垂水島津家）という、もう一人の家督候補がいたからである。

だから、義弘は自身も生き残り、亀寿も同伴して帰国する必要があったのである。老齢の義弘が心身共に苛酷な退き口に堪えられたのは、ひとえにみずからの政治生命と忠恒家督を保持しようという執念だったといえるのではないか。

退き口のその後

義弘一行がまだ豊後水道の海上にあった慶長五年（一六〇〇）九月二十八日、徳川家康は早くも島津氏との戦後処理に向けた外交戦の火ぶたを切っていた。

家康の命で寺沢正成（豊臣政権奉行）と山口直友（家康家臣、島津氏取次）の連署で義久と忠恒に詰問状を送ったのである。それには、「維新御逆意の段、是非もなき次第に候」とあり、義弘の家康への反逆を認めつつも、致し方なかったと同情的で、さらに「御逆意」と義弘に敬語を用いるという慎重さだった。これは義弘が宰相（参議）という高い官職だったからだろう。また義久と忠恒が義弘の反逆に同意していなかったかどうか問い合わせていた（三―一一九二号）。

義弘が西軍に属して生き延びたにもかかわらず、家康方が宥和的な態度を見せたのは、すでに第七章で述べたように、東軍の捕虜となった家老新納旅庵《にいろりょあん》らの懸命の釈明がある程度功を奏し、義弘は石田三成・大谷吉継・安国寺恵瓊《えけい》とは区別されて、西軍の首謀者ではないと判断されたからだろう。

しかも、義久・忠恒が義弘の反逆に同意していないのであれば、島津氏の存続もありうることをすでに示唆していた。島津氏の課題は本領安堵と義弘の赦免を勝ちとれるかにあった。それをめぐって、謝罪のために義久の上京を求める家康方との駆け引きが、じつに一年半もくり広げられた。

その間、家康は島津氏領国の国境に加藤清正・黒田如水・鍋島直茂らの軍勢を送り込んで圧力をかけていた。義弘は外交戦を義久と忠恒に任せ、家康と戦端を開いたときのために、最終決戦地と定められた蒲生《かもう》城の修築と、肥薩国境の要衝で義弘蔵入地である出水地方の防衛に専念していた。

とくに「此度の御弓箭は、大事の始末」として、出水地方に移住する者には一人あたり知行三石を加増することで所替えを促し、肥薩国境の兵力増強を図っていたほどである（三―一二八六号）。

ところが、同年暮れ、退き口の途中で義弘からはぐれて徳川方の捕虜となっていた本田助丞が帰国し、徳川方に和平の意志があることを伝えたのをきっかけに、義弘にも変化が生じた。翌六年四月初めになると、抗戦姿勢から一転して桜島に蟄居する。島津方と徳川方の和平交渉が始まったからである。

この蟄居は義弘の自発的な意思だとされている（『島津国史』巻之二十二）。だが、そうではないだろう。この和平交渉に積極的に関与したのは井伊直政だった。直政は島津方によって負傷させられたにもかかわらず、「一段井伊殿御懇《ねんご》ろの様に候」と島津方に好意を示していた。島津の退き口についても「比類無く、御ほうび以ての外」だと激賞していたくらいである。その直政が義弘の処遇について「此の節の事は遠嶋などへご堪忍なられ、後日お理《ことわ》り仰せ下され候て然るべき由」と述べて、穏便な遠島処分で決着させようと考えていたことがうかがわれる(三―一四三四号)。

義弘は徳川方が島津家に対して自分の遠島処分を要求しているのを知って、その要求を受けて桜島に蟄居したのだろう。「ご堪忍」云々とあることから形式的な蟄居でもよかったからである。家康も島津家が義弘の蟄居という形で謝罪したという体裁を望んでいたのだろう。

義弘自身はこの和平交渉がそう簡単にまとまるとは思っておらず、自身の進退に大きく関わっていることを自覚していたようである。「樺山紹劔《しょうけん》自記」によれば、徳川方が和平交渉の落着のため、太守義久の上京を要求していた。それへの対応をどうするか、家中で協議したとき、義久が次のように述べた。

「龍伯(義久)上洛候て、武庫(義弘)の儀仰せらるべく候、左様に候はば、我京にて御閉目あるべく候、国元の事は、又八郎《(忠恒)》殿ご分別と仰せられ候」

義久が上洛して家康に対面すると、きっと義弘の処分を持ち出されるだろう。そうなれば、私は京都で最期を迎えることになる。だから国元のことは忠恒の分別に任せるというのである。義久が京都で最期を迎えるというのは、義弘に腹を切らせろと家康に命じられても、それを承諾するわけにはいかない。かといって拒絶すれば、和平は破れてしまうから、そうならないように自分が腹を切るしかないという意味だろう。義久の念頭にあったのは、秀吉の命で弟歳久を死に至らしめた後悔の念であり、さらにもう一人の弟である義弘を同じ目に遭わせたくないという思いだったのではないだろうか。

すると、兄の気持ちを察したのか、義弘が次のように述べた。

「武庫《ぶこ》は又、我爰許《ここもと》にても、又は京都にても生害《しょうがい》仕るべく候、御心安かるべく候」

義弘は、薩摩でも京都でもどこでも腹を切る覚悟ですから、ご安心下さいと答えて、義久の上京を促したのである。

しかし、事態はそれほど悲観的ではなかった。家康は義弘が蟄居したことに満足して、その赦免を認めたのである。六年六月初めに徳川方の使者和久《わく》甚兵衛尉が来薩して義弘の赦免を伝えた。それにより義弘は桜島での蟄居から解放されたのである。

　慶長七年（一六〇二）四月十一日、家康は島津氏の和戦両様の巧みな構えに根負けして、ついに義弘の赦免を誓約した。その起請文には①薩摩・大隅・日向諸県郡の本領安堵、②忠恒の家督承認とともに、③「兵庫頭《（義弘）》儀は竜伯《（義久）》に等閑《とうかん》なく候間、異儀《（議）》あるまじく候」とあった。意訳すると、「義弘のことは（家康が）義久と懇意なので、（そのままで）異議はない」ということになる（三―一六一五号）。

　義弘はついに赦免されたのである。これは退き口によってもたらされた義弘の「勝利」だったといえよう。

　義弘が数多《あまた》の犠牲を払いながらも、無事帰国したことは、敵将の井伊直政から激賞されるほどの壮挙だったが、一方で家中においても、重大な危機を脱することになるとともに、嫡男忠恒（のち家久）の家督継承に有利に働いた。

　その最たる理由は、「御上様《おかみさま》」こと亀寿を無事に連れ帰ったことである。実父義久の喜びはひととおりではなかった。そのことが義久の義弘・忠恒父子への心証をよくしたともいえよう。もし亀寿に万が一のことがあったら、忠恒の家督相続は取り消されていただろう。

忠恒は豊臣政権の意向により、義久の家督継承者に指名されたが、実権はなお義久がもっていた。慶長四年（一五九九）二月二十日、義久は忠恒にいったん先祖伝来の家宝と共に家督を譲ったとされる（三―六六二号）。ところが、わずか二カ月後の四月二十八日、義久はその家宝を忠恒から取り戻している（松尾千歳・一九八九）。これは義久の「悔返《くいがえし》」と呼ぶべきで、かつて義久の父貴久が一度は養親勝久から家督を譲られながらも、それを奪われた一件によく似ている。

義久の心変わりの理由は不明である。一説には五大老の一人、前田利家の死（閏三月三日）をきっかけとした豊臣政権の内部抗争の激化による動揺と関係があるとともに、義久が忠恒の軍事的能力に疑問を感じていたという（米澤英昭・二〇〇一）。それに付け加えれば、三月九日、忠恒が伏見の島津家下屋敷で筆頭老中の伊集院幸侃を上意討ちしていることが影響しているのではないかと思われる。義久は石田三成に宛てた釈明状で、「又八郎(忠恒)短慮の仕立て、言語道断是非に及ばず候、曽《かつ》て以て拙者へも談合これなく候、曲事深重《くせごとしんちょう》に候」と書いて、忠恒の行為を独断の暴挙だと非難し、不快感を表明しているからである（三―六九四号）。

関ヶ原合戦の戦後処理が進行するなか、忠恒に対する不信感から義久の悩みは深まったようである。それは義久外孫の又四郎忠仍《ただなお》（のち垂水島津家の信久）を家督にしようという動きとして表れた。忠仍は義久の二女新城と島津彰久（以久嫡男）との間にできた男子で、義久の外孫になるから、血統上、甥の忠恒に優越している。義久の周辺には忠仍の擁立を企てる動きがあった。その中心人物は義久の家老平田増宗であり、庄内の乱で赦免された伊集院忠真も父幸侃の仇である忠恒憎さから一枚加わっていた可能性が高い。

　義久の疑心は忠恒の実父義弘にも向けられた節がある。義弘が義久に宛てた起請文の案文が残っている（三―一六七五号）。年次は慶長七年（一六〇二）八月頃と推定される。それには次のように書かれている。

「今度、竜伯様、又四郎《忠仍》殿を少将《忠恒》殿に思しめし替えられ、京都より御朱印をお申し下るの由、承り付きながら言上致さず、疑心を構え申し候由聞こしめし通さるるの旨仰せ知られ驚き存じ候、それに就いて拙者事、毛頭承り付かず候由重畳申し上げ候処、異議なく聞こしめし分けられ、この上はお別儀なき謂われ共条々仰せ聞かせられ、誠に案堵《安》仕り候、（後略）」

　これによれば、義久が家督を忠恒から忠仍に替えようと思い、京都（徳川政権）からその朱印状を下してもらうということを義弘が承りながら、徳川政権に言上せずに疑心を構えているという風に、義久が聞いているというので驚いている。それについて、義弘はそのような下知

妙円寺参り
妙円寺(鹿児島県日置市)では、毎年10月の第4日曜日に、退き口を偲んで、妙円寺参りが挙行される。甲冑姿の行軍もあり、いかにも「武」の国、薩摩を象徴する行事である。

島津義弘銅像
ＪＲ伊集院駅前に立つ義弘。勇壮なる馬上姿であり、退き口の号令を発した瞬間のイメージという。

をまったく承知していないと何度も申し上げたところ、義久が異議なく理解してくれ、今後は差し支えないと仰せになったので安堵している、というもの。義久が家督を忠恒から忠仍に変更することに義弘が異議を唱えているという風説が立ったことを示している。

義久が家督を忠恒から忠仍に変更する意向があったかもしれないことは別の史料でもわかる。垂水島津家の分家である新城島津家の系譜を引く末川家の家譜には「我等（義久）には女子三人だけで男子がないので、薩隅日三州の守護職を（忠仍に）譲るか、さもなければ、御隠居領の高六万石を後年与えると、かねてから忠仍に仰せきこし置かれていた」とある（「末川家文書 家譜」）。同家譜にはさらに、いつのことか不明だが、義久が孫の忠仍と甥の忠恒のどちらに守護職を譲るか決しかねて、鬮《くじ》取りをした結果、忠恒を養子に決めたとも書かれている。義久は悩み抜いた末に忠恒に家督を譲ることにしたというのである。

義久は期待をかけた嫡女の亀寿に男子が誕生しない以上、自分の血統を引く外孫の忠仍に家督を譲りたかったのが本音ではないかと思われる。しかし、一方で義久には三州太守として島津家とその家中の永続を考えなければならない責務がのしかかっていた。仮に忠仍を家督と決すれば、義弘・忠恒父子とその支持者たちが反発するのは必至である。また忠恒は豊臣・徳川の両政権から義久の家督継承者としてすでに認知されていたから、義久もその既成事実を無視できない。重大な瑕疵《かし》がないのに忠恒から忠仍に差し替えるのは筋が通らないという印象を与えてしまうという判断もあったのではないか。世はすでに戦国時代ではなく、徳川という中央政権の意向を太守義久とても無視できなくなっていたのである。

これを義弘側から見れば、関ヶ原合戦で西軍に付いて敗北したものの、退き口の決行と成功によって、義弘自身が生き延びたばかりか、亀寿を無事帰還させたことが家督相続問題でも大いに有利に働いたといえよう。もし義弘が戦死し、亀寿も帰還できなかったら、義久はただちに忠恒に資格なしとして家督相続を取り消しただろう。また義弘が存命していないと、義久の意向を覆すだけの力量は忠恒にはない。つまり、義弘の健在と亀寿の無事帰還が義弘・忠恒父子の政治生命を担保したのである。

義弘にとっての島津の退き口の意義はまさにそこにあったというべきだろう。その意味で、退き口は忠恒（のち家久）を藩祖として出発する近世島津氏の創出を基礎づけたといえそうである。義久の男系血統が絶えた代わりに、義弘の血統が薩摩藩主として継承されることになった。この血統交替は日新斎・貴久父子による新たな島津本宗家の創出に次ぐ大きな系譜上の変化だと考えている。義弘が本宗家当主にならなかったにもかかわらず、近世島津氏の開祖に位置づけられ、家中から崇敬されるようになるのもそのような理由からだった。そして妙円寺参りを通じて義弘への崇敬は拡大再生産されていく。

家康が島津氏の本領安堵と義弘の助命を最終的に認めたのは慶長七年四月十一日付の起請文である（三―一六一五号）。

鹿児島市の西北、日置市伊集院町にあるＪＲ伊集院駅の前に馬上姿の島津義弘銅像が立っている。なぜこの地にあるかといえば、地元にかつてあった妙円寺（廃仏毀釈《きしやく》で廃寺、現・徳重神社）が義弘の菩提寺だからである。

ここでは毎年十月の第四日曜日（関ヶ原合戦の旧暦九月十五日に近いため）、義弘たちの「退き口」の壮挙を偲んで、妙円寺参りが催される。この日は地元はもちろん、二〇キロ離れた鹿児島市からも徒歩による参加があって賑わう。なかには甲冑姿による行軍も見られる。

妙円寺参りは江戸時代から鹿児島の三大行事のひとつとして親しまれ、現在も綿々と引き継がれている。義弘の名はこうして鹿児島の人々の記憶に刻まれることになり、今後も刻まれつづけるだろう。

補論――家康と島津氏の意外に深い関係

これまで述べてきたように、関ヶ原合戦が始まる前、徳川家康と島津氏の関係は良好だった。たとえば、家康は会津出陣にあたって、島津義弘に伏見城の留守居を依頼するなど信頼する態度を示していた。

それが如何ともしがたい成り行きによって、関ヶ原決戦では敵味方に分かれてしまうことになった。それでも、義弘は徳川軍と直接戦ってはいない。義弘は武将であるとともに政治家でもあるから、戦後処理を考えて家康と直接敵対することを避けたのではないかとも思われる。

そのせいか、義弘が西軍大名だったにもかかわらず、「島津の退き口」で帰国してから、井伊直政、本多正信など家康の重臣、黒田如水・長政父子、福島正則など東軍大名がこぞって義弘に好意的な態度を示したのも興味深い。その底流には、義弘の武将としての名声だけでなく、やはり家康と島津氏の信頼関係があったのだろうという気がする。そこで関ヶ原合戦以前の出来事から振り返ってみたい。

考えてみれば、家康と島津家は一度は秀吉と対決した外様大名であるとともに、豊臣政権に服属したのもほぼ同時期だった。家康は小牧長久手の合戦のあと、天正十四年（一五八六）に秀吉の妹朝日との縁組を通じて和睦し、同年十月に上京して大坂城で秀吉に拝謁している。一方、島津家も太守義久が翌十五年五月、出家して、龍伯と名乗ったうえで秀吉に対面して降伏。同年中に上京し、翌年には義久と交替する形で義弘も上京している。

この補論では分量の関係で触れられなかった事柄を、本編との重複をなるべく避けながら、以下の三つの視点から考えてみたい。これによって、関東と南九州という遠隔の地であるにもかかわらず、家康と島津氏の関係が想像以上に親密で深かったことが明らかになるだろう。

また、「島津の退き口」の背景をさらに深く理解できるうえに、徳川幕藩体制下で、島津氏が近世大名として再出発する事情や要因についても詳しく知ることができるだろう。

一、文禄の役で起きた許三官《きょさんかん》事件の顚末
二、関ヶ原合戦直前の庄内の乱の解決
三、関ヶ原戦後処理と島津氏の近世大名化

一、文禄の役で起きた許三官事件

あまり知られていないが、島津家中には少なくない明国人がいた。その多くは自発的に来日したのではなく、倭寇などに強制的に拉致されてきた人々である。

そのなかに、許儀後《きょぎご》という明人がいた。管寧《かんねい》「秀吉の朝鮮侵略と許儀後」によれば、許は長江中流域の江西省の出身で、元亀二年（一五七一）、大陸南海岸部の広東にいたところを拉致されて薩摩に連行されてきたという。

なお、彼は薩摩では許三官《きょさんかん》とも呼ばれた（以下、三官で統一）。現在の鹿児島市街には三官橋や三官橋通も残っている。おそらく許儀後の屋敷があったことにちなむものか。この「〜官」という名称は当時の在留中国人によく付けられた通称でもある。

三官は商人だった可能性が高いが、学問の素養があり、とくに医薬の知識に通じていた。その特技を太守義久に注目され、薬師《くすし》（侍医）として重用された。義久は「虫気《むしけ》」（胃腸病）の持病があったので、彼の診療と投薬の効果に頼っていたのだ。「三官をして脈を診させて、湯薬を服せば、則ち験気《げんき》を得ること速やか也」と評されたほどである（二—七九八）。

天正十九年（一五九一）九月、「唐土《もろこし》御征伐」のため、九州の大名に朝鮮出兵を命じる秀吉の朱印状が義久に届けられた（二—七七九）。義久のそば近くにいる三官も、秀吉が母国を征伐しようとしていることを知って驚いた。異国にいても愛国者だった三官はここで意外な行動に出る。九月三日、九日、二十五日の三回にわたり母国政府にこの情報を送ったのである。それは「倭警陳報《わけいじんぽう》」と呼ばれている。三官は同じく明人で先に義久の侍医をつとめていた郭国安《かくこくあん》（のち汾陽理心《かわみなみりしん》）、そして三官と同じ江西省出身で拉致された朱均旺《しゅきんおう》という助手と相談してこれを実行した。右三回の密書のうち、三回目は朱均旺が密使役を請け負った。折から島津氏に拘留されていた明の貿易船があったが、三官が義弘に貿易の利があるからと説得して出港させ、それに朱均旺を乗せたのである。船は福建に着き、朱は密書を福建省軍門に手渡している。

じつは、秀吉の朝鮮出兵＝「唐入り」を、三官たちより早く明国に通報した者もいた。しかし、明国政府はそれらの通報をさほど気に留めなかったという。それに対して、三官たちの通報は詳細な内容だったために重要視され、朝鮮（李氏朝鮮）にも通報された。これによって明・朝鮮の提携体制が構築され出したと評価されている。

だが、三官の行動は、豊臣政権からみれば、明国に加担して機密情報を漏らした反逆行為である。この一件は同年のうちに秀吉の耳に入った。知らせたのは側近の浅野長政である。長政は明人たちから「三官が明国に密書を送った」という訴状を受け取った。三官が一度目か二度目に派遣した使者は肥前平戸に向かい、来航した明船に密書を渡して本国に急報しようとしたらしい。同じ明人の貿易商は三官の行為が自分たちの立場を危うくするのではないかと恐れて、長政に密告に及んだのだろう。

それを聞いた秀吉は「忿怒《ふんど》斜めならず」と激怒して、「新たに鍋を鋳して三官を煎《い》り殺せ」と命じたのである。義久はこの一件を家康に急報した。すると家康はさっそく秀吉に諫言した（二―七九八）。

「彼（許三官）の不正は明らかで、太閤殿下が激怒されるのも当然で、誰も反対できません。私が熟慮するに、悪者は三官一人ではなく日本に住む明人はみな（三官と）似たようなもので、この程度で朝鮮征伐が不可能になることはないでしょう。しかし、殿下が忿怒のあまり心のままに（三官を処刑）なされると、もしこのことが異国に漏れたならば、日本人の度量は狭いと思われ、些末なことで日本の瑕瑾《かきん》になるかもしれません。私が願うところは、三官の処刑を減じて軽科にされたら、みな殿下は何たる寛仁大度《かんじんたいど》だと感嘆することでしょう」

秀吉は家康の諫言をもっともだと思い直し、三官を赦免したのである。義久が家康に感謝したことはいうまでもない。家康と島津家の本格的な交流はこの時期から始まったようである。

この話にはまだつづきがある。翌文禄元年（一五九二）春、全国の軍勢が肥前名護屋城に集結し、義弘率いる島津勢を含めて先手十数万人の大軍が朝鮮半島に渡海した。家康と義久は秀吉とともに名護屋城に在陣していた。

ところが、四月末、家康が大病を患って寝込んでしまった。秀吉の命で医者が派遣され、医術を尽くし良薬を勧めたものの、家康の容体は一向によくならなかった。家康重篤の知らせを聞いた三官は恩人の家康に恩返しをしたいと義久に訴えた。義久が使者を派遣してその旨を伝えたところ、家康も承諾した。

病床の家康の脈を取った三官は「傷寒《しょうかん》の症状が脈にあらわれています」と告げた。傷寒とは高熱を伴う熱病で、今のチフスの類である。家康は三官の薬を服用したいと告げると、家康の治療にあたっていた医師たちも同意した。ただ、彼らは秀吉が派遣した医師たちだったので、奉行の石田正澄《まさずみ》（三成の兄）が彼らの体面を考慮して、秀吉に担当医を交替させてよいかお伺いを立てた。秀吉は明人の投薬は穏やかではないと不満だったが、他の医師たちに投薬用の配剤書を提出させ、それを三官に見せたところ、「曲直瀬玄朔《まなせげんさく》の薬方が非常によいが、他は病状に合わない」と三官は結論づけた。これにより、家康は三官の薬を服用することにしたのである。

三官は他の医師が調合した良薬とともに、自分で調合した煎薬を家康に服用させたところ、一週間ほどで回復した。家康は大変喜んで、三官に多くの金帛《きんぱく》を与えた。そして、他の医師た

徳川家康像
駿府城本丸跡に建つ鷹狩姿の家康像（静岡市駿府城公園）。

肥前名護屋　島津義弘陣跡
朝鮮出兵の拠点である名護屋城は玄界灘に突き出す波戸岬に築かれ、全国の諸大名が集結して、それぞれ城の周囲に陣屋を構えた。岬の突端に義弘の陣屋があり、低い石垣が残っている（佐賀県唐津市）。

ちも三官から多くの薬方を伝授された。このように三官のような名医がいたのも、龍伯（義久）が（異国人だからといって）分け隔てをしなかったからだと評されたという。

三官の存在を通して、家康と義久の間には信頼関係が醸成されたといえよう。またこの一件では家康の思惑も見え隠れする。近い将来のポスト秀吉を見据えて、というのは時期尚早で考えすぎだろうが、家康には豊臣政権下で外様大名同士の連携を深め、南九州の有力大名である島津氏を味方につけて自身の発言力と支持勢力を増やそうという意図もあったのではないか。

二、関ヶ原合戦直前、庄内の乱と家康の調停

慶長三年（一五九八）八月、太閤秀吉が死去した。朝鮮半島の南部にはまだ多くの日本の将兵が残ったままだった。その後順次、釜山《プサン》から帰国したが、島津義弘の軍勢がしんがりだった。

義弘と島津勢は慶長の役で獅子奮迅の活躍を見せた。すでに秀吉が死去したのちの同年十月一日、全羅道《チョルラド》の泗川《サチョン》新城を守っていた義弘は、明・朝鮮連合軍数万を相手にわずか五〇〇〇の兵で戦い、敵兵三万八七〇〇余人（異説では三万七一七人）を討ち取って撃退し、大勝したのである。さらに日本軍の西端を守る順天《スンチョン》城を守っていた小西行長、有馬晴信らが陸海から包囲

されて孤立していたとき、義弘は僚将の立花親成《ちかなり》（のち宗茂）らと海路、救援に赴いた。そして露梁《ノリャン》海峡で李舜臣《イスンシン》率いる朝鮮水軍と海戦して、李舜臣を戦死させるなど、これを打ち破った。義弘自身も乗っていた船の帆柱が折れて浸水したので、家来の船に乗り移ったほどの苦戦だった。この海戦で朝鮮水軍の海上封鎖が解け、小西行長らは無事脱出に成功したのである。

これらの困難な戦いに相次いで勝利を収めたばかりか、僚将を救出した義弘の名声は高まった。帰国後の翌四年一月九日、息子の忠恒宛てに泗川の戦勝が「忠孝比類なく候」として、家康をはじめとした五大老から、秀吉に収公されていた北薩出水郡（分家の薩州家旧領）など五万石を戦功として与えられた（三―六四八）。また忠恒も侍従から近衛少将に昇進した。さらに同年四月一日、家康など五大老から義弘は「羽柴薩摩宰相」と呼ばれている。「宰相」は参議の唐名《とうみょう》である。すなわち、義弘は侍従から参議へと三階級の昇進（参議←中将←少将←侍従）を許されたのである。参議以上の官職は公家でも上級に属して「公卿《くぎょう》」と呼ばれる。義弘の豊臣政権の武家官位の秩序において、内大臣家康を筆頭として大納言・中納言で構成される五大老（武家清華《せいが》と呼ばれる）に次ぐ地位を認められたのである。義弘・忠恒父子の昇官にも家康の意向が働いていたと考えられる。

ところが、同年三月九日、家督相続者に予定されていた忠恒が伏見の下屋敷で筆頭老中の伊集院幸侃《こうかん》を上意討ちする事件が勃発した。幸侃は文禄四年検地で義久・義弘の蔵入地《くらいり》（それぞれ一〇万石）に匹敵する八万石（日向庄内など）を領したばかりか、豊臣政権、とりわけ石田三成の権勢を背景に主家をしのぐ実力を有していた。加えて忠恒は朝鮮出征中、家臣団の加増をめぐって幸侃と紛糾したことも殺害の理由だったと思われる。忠恒の暴走ともいえるこの事件に激怒したのは三成だった。しかし、ほどなく三成はいわゆる武断派七将の追及を受けて失脚してしまう。

事件後、忠恒は高雄（神護寺《じんごじ》）に蟄居したが、それを赦免したのは家康だったと思われる。一説によれば、豊臣政権の三奉行である徳善院《とくぜんいん》（前田玄以）・増田長盛・長束正家が談合して赦免を決定し、寺沢正成・小西行長・立花親成が高雄に忠恒を迎えに行ったことから、三成系の三奉行と三大名によって赦免されたともいわれている。

しかし、一年半後の関ヶ原合戦の色分けをもって、これらの奉行と大名を三成方とするのは早計ではなかろうか。実際、国許の義久は忠恒宛て書状（四月四日付）で、「（赦免された忠恒が）内府様へ御礼を遂げられたところ、義弘へ馬、貴所（忠恒）へ鷹を与えられたとのこと、まことに外聞がよくめでたいことだ」と書いている（三ー七一八）。これをみると、忠恒赦免には家康の意向が働いていたことは明らかである。

国許では父幸侃を一方的に殺害された嫡男の伊集院忠真《ただざね》が激怒して領内の庄内十二外城《とじょう》に立てこもり、島津氏に抗戦する姿勢を示した。その数「一味同心二万人」といわれていたから強大な勢力だった（『都城市史』通史編 古代中世）。なお、忠真の夫人は義弘の末娘御下《おした》で、忠恒の妹でもあった。国許にいた義久は忠真に下城勧告をして恭順を命じたが、忠真は聞かなかった（三―六九一）。忠真は義弘・忠恒は身上を保証してくれたが、義久は納得せず、自分を幸侃と同罪だと見ていると反論している（三―七六二）。忠真が反発したのは、義久が早くも「諸口往来停止」、すなわち庄内への通行・補給ルートの遮断を行ったばかりか、庄内を包囲するような諸将の配置をしていたことにもあった（『樺山紹劔自記《かばやましょうけん》』）。そのため、交渉は決裂したのである。

赦免された忠恒は同年四月、急ぎ帰国して伊集院方との戦いに臨む。両軍の戦いは六月二十二日、島津方が伊集院方の恒吉城を攻めたことから火ぶたが切られた。

一方、家康は家臣の山口直友や九州取次の寺沢正成（肥前唐津）らを派遣するとともに、七月から八月にかけて、近隣大名の相良頼房（肥後人吉）、伊東祐兵《すけたか》（日向飫肥《おび》）、秋月種長（日向財部《たからべ》）、島津豊久（日向佐土原《さどわら》）、高橋元種（日向延岡）、立花親成（筑後柳川）、小西行長（肥後宇土《うと》）などに対して、義久の要請があり次第、軍勢を派遣するよう命じていた。しかし、同年七月、山口直友が忠真と交渉したところ、当初、忠真は和平を受諾するかと思われたが、急に拒否に転じたため、交渉は失敗に終わった。

在京中の義弘も女婿《じょせい》の忠真の去就を案じて、八月六日に書状を送って懸命に説得していた（三―八三九）。それによれば、幸侃は「悪心歴然」だったため成敗されたが、忠真以下一族の身上・所領や奉公は従来どおり保証されると告げて、「とにかく君臣上下之礼法」、すなわち主従関係の秩序を守るようにと訴えている。

結果として、忠真は舅の義弘の忠告を無視して反逆したわけだが、義弘のこの書状をみると、伊集院方が孤立を避けるため、各方面に外交を展開していることがわかる。まず加藤清正の支援をあてにしていたことである。忠真の弟小伝次たちが清正に庇護されていた形跡がある（三―七二三）。弟たちは上京して家康重臣の榊原康政を頼って家康に仕えたいと言上したところ、家康は厳しく拒絶したうえ、康政を「曲事《くせごと》」だと叱っている。弟たちはさらに五奉行の一人である前田玄以にも家来になりたいと訴えたが、これまた拒絶されている（三―八三九）。

豊臣公儀を代表する家康はこの一件が島津家中の紛争に留まらないと危機感を抱き、天下仕置の対象だととらえて、積極的に介入しようとした。ただ、義久はこの抗争を自家で解決しようと考えており、家康が九州の諸大名に軍勢動員を命じたことはありがた迷惑だと思っていた節がある。たとえば、七月十六日、小西勢の援軍として鉄砲衆三〇〇人が肥薩国境の大口まで到着していたが、義久は「来月一戦する覚悟なので合力無用」と断っている（三―八〇一、八〇四）。

伊集院方も孤立していたわけではなかった。まず先ほどみた加藤清正が忠真の弟たちを預かっていた関係からか加勢していた。実際、清正は忠真と「山くぐり」（情報連絡の忍び）を通じて連絡を取り合い、さらに肥後の佐敷表で近隣の小西行長や相良頼房と争う可能性があったので、島津方は肥後の通路が遮断されることを懸念していた（三―八八四）。島津方も対抗措置として加藤方の「山くぐり」を捕らえている（三―一〇八二）。また島津家の永年の宿敵であった伊東氏も伊集院方と誼《よしみ》を通じようとしていた。さらに一門の島津以久《もちひさ》（種子島領主）も巻き込まれ、忠真が以久の孫忠仍《ただなお》を忠恒に代わる島津本家の家督に擁立しようとしているという噂も立てられており、島津家中も動揺していた。

局面が動いたのは、翌慶長五年（一六〇〇）に入ってからである。家康は再び山口直友を派遣して二回目の和平交渉を行っていた。その頃、島津方は庄内十二外城のひとつで都城北方にある志和池《しわち》城を総力を挙げて攻めた。この攻防が庄内の乱での最大規模の戦いだったといえよう。志和池城攻めには忠恒自ら出陣し、「森田御陣」と呼ばれる長大な陣城を構築した。同城を囲んだのは島津勢だけでなく、城の北東側には家康の命で救援に駆けつけた高橋元種、秋月種長の日向衆、豊後臼杵の太田一吉などの陣もあった。

二月五日、ついに志和池城が落城した。これを機に伊集院方の抗戦が弱まった。同城が交通の要衝で攻防の焦点だったからである。同月二十九日、忠真はついに和平を受け容れ、三月十三日、都城から下城し、保持していた十二外城も明け渡した。島津方も義久・忠恒が連名して、家康の取次で都城に赴いた山口直友に起請文を提出し、忠真を今後も異議なく召し抱えることにしたと誓約した（三―一〇五三）。下城した忠真は三月十四日、義久の居館富隈《とみのくま》に出仕している。新知行と今後の奉公について礼を述べたと思われる。実際、忠真は舅の義弘に、次弟の小伝次は義久にそれぞれ仕えることになった。

対峙する志和地城（右）と森田御陣（左）
庄内の乱最大の戦いで、島津方は忠恒を総大将に主力を集中して攻めた（宮崎県都城市上水流町）。

伊集院忠真の供養墓
庄内の乱を戦い抜き、和平により、島津家への帰参が叶ったが、2年後、忠恒に謀殺された（宮崎県小林市野尻町）。

なお、忠真の新知行高については、家康の口利きにより、庄内から所替えをして薩摩頴娃《えい》二万石を与える約束だったが、その後、どういう事情か不明だが、忠真は同所で一万石に削減されている。それに伴い、庄内の旧領主で薩摩祁答院《けどういん》に転封されていた北郷《ほんごう》氏が庄内に復帰することになった。北郷氏は旧領復帰を望んでいたこともあり、この戦いの帰趨を分けた志和池城の戦いでも先手をつとめるなど士気旺盛だった。

かくして、庄内の乱は終わりを告げたが、島津氏の受けたダメージは大きかった。数年に及んだ朝鮮出兵からほどないうえに、九カ月にも及ぶ内戦の人的、物的損害は大きかった。人的損害については数字がある程度判明している。

島津家には鎌倉時代から江戸時代後期（元久二年〜宝暦四年）まで、島津家中の戦死者・殉死者・殉職者をまとめた『殉国名藪《じゅんこくめいそう》』という史料がある。編者は伊地知季通《いじちすえみち》（鹿児島県庁歴史編修官）で、幕末から明治にかけて島津家や薩摩藩の修史事業に父季安《すえよし》（記録奉行）とともに尽力した人物である。それによれば、庄内の乱における島津方の戦死者は武士だけでなく中間《ちゅうげん》・小者など軽輩身分も含めて八八〇余人と記載されている。これは判明した分だけであり、さらに戦傷・戦病者を含めると、その二、三倍はいたと思われる。

半年後の関ヶ原合戦に義久・忠恒が義弘の度重なる要請にもかかわらず、組織的な派兵しなかったのも、中立を維持したい義久の意向だけでなく、領内が疲弊していて派兵できなかったという事情もあったに違いない。

一方、家康は秀吉死去後、事実上の豊臣政権の執政となっていた。それは庄内の乱に際して、山口直友や寺沢正成らを派遣して和睦調停を行わせたり、九州の諸大名に軍事動員を命じたことにも表れていた。

それだけでなく、家康は海外貿易に関わる外交権も行使していた。ひとつは「ばはん(八幡)」、すなわち倭寇や密貿易の取り締まりである。これは秀吉が定めた海賊禁止令に沿うものだが、家康を含む五大老が義弘・忠恒に「ばはん」を禁止する連署状を、四月と八月の二度にわたり与えている(三―七一四、八五八)。また秀吉存命中の豊臣政権は海賊禁止令とともに、明国との勘合貿易を島津氏に仲介させようとしていた(二―五七二)。その延長上で、豊臣政権で家康が他を制して第一人者になると、外交・貿易にも家康の意向が反映するようになった。

同年七月、在京の義弘が庄内に出陣中の忠恒に宛てた書状に、薩摩の甑島《こしきじま》に漂着した「るそん商買船」二艘は「ばはん」であり、家康がわざわざ乗り出してきて、「一段曲事」と述べ、これを取り締まるよう命じている（三―八〇八、八一一）。この船は長崎の船頭が乗り込んで、呂宋《ルソン》（現・フィリピン）に渡り、真壺《まつぼ》を大量に仕入れて積載していたことがわかった。真壺とは呂宋壺のことで、当時、茶道具として高値で取引されていた。豊臣政権は海外貿易を独占するために、こうした密貿易を禁止していたが、家康もその政策を受け継いでいたのである。

家康にとって、重要な外交案件は秀吉が断絶させた対明外交関係の復活だった。家康もまた対明貿易や南蛮貿易をはじめ海外貿易の利益に注目していたのである。とりわけ、対明貿易では、文禄慶長の役により朝鮮ルートが不能になった以上は、薩摩藩による琉球経由のルートに活路を見出していたといえそうである。また慶長の役終盤、義弘・忠恒父子が明・朝鮮連合軍に大勝した泗川の戦いで明将「ういひん（渭濱）」こと茅国科《ぼうこっか》を捕虜にしていた。茅は肥前唐津の寺沢正成のところに置かれていたが、同年十二月、家康は薩摩に移すよう、義弘に命じていた。義弘は茅の処遇について「大明・日本へ外聞にて候」と述べて、茅を丁重に遇するよう、忠恒に指示している。茅は翌春、島津氏が坊津商人鳥原宗安に託して明に送還される予定だった（三―九七六、九七七）。

これもまた、家康の対明関係改善の一環であり、義弘・忠恒と寺沢正成の連名による明国宛て文書（起草は家康の外交顧問の西笑承兌《さいしょうじょうたい》）は朝鮮と和平を実現したうえで、明国との「金印勘合《かんごう》」によって交易をしたいというもので、二年の猶予期間を置き、もし明国が応じなければ、大陸に兵を送るという脅しも伴うものだった（三―一〇二五）。いずれにせよ、家康は対明ルートをもつ島津氏に頼らざるをえなかったのである。

こうした事情からも、家康は庄内の乱という大がかりな内戦を早めに解決して、島津氏の大名権力を安定させることによって、対明関係改善という重要な外交交渉に島津氏を動員しようと図ったのではないかとも指摘されている。家康の着眼は内政と外交・貿易をリンクさせていたともいえそうである。それは同時に、家康にとって島津氏の存在が大きかったことを示していたともいえよう。

三、関ヶ原戦後処理と島津氏の近世大名化
――琉球侵攻、官位叙任、松平名字授与、島津氏家督問題

本論で述べたように、義弘は関ヶ原の敗戦後、多くの危難に見舞われ、少なくない家臣の犠牲を出しながらも、無事帰国することができた。その後、家康に対して和戦両様で臨み、長い

交渉の末、家康から、①本領安堵、②忠恒の家督承認、③義弘の助命という三カ条の起請文を獲得して、近世大名として再出発していくことになる。

それでは、その後の家康と島津氏の関係はどうなったのか。まず関ヶ原合戦前から懸案になっていた対明関係の改善が引きつづき課題だった。慶長十一年（一六〇六）、島津氏は慢性的な財政窮乏のうえに、領国内では一一万八〇〇〇石の隠れ知行が発覚した。義弘は忠恒に厳しい処置をとるよう指示している（四―二〇四）。島津氏は隠れ知行による貢納不足を琉球侵攻により一挙に解決しようと考え始めた。

そのような内情もあり、忠恒は同年六月、家康に琉球侵攻の許可を求めて一度は許された。しかし、この渡海は実行に移されなかった。折から家康は対馬の宗氏を介して朝鮮との国交正常化交渉を行っていた最中であり、それが実現しないうちは、海外派兵がその交渉に悪影響を与えると判断したのである。

翌十二年に日朝の国交正常化が実現すると、家康は琉球の武力征服に傾斜していき、同十四年（一六〇九）、島津氏に琉球侵攻を許可した。同年三月、島津氏は三〇〇〇余の軍勢を大島諸島や琉球に派兵した。そして五月、島津氏は琉球を完全に占領し、中山《ちゅうざん》王尚寧《しょうねい》や三司官《さんしかん》（閣僚）を捕虜にして、鹿児島に凱旋したのである。大御所家康と将軍秀忠は忠恒の戦功を賞して、尚寧を伴っての江戸参府を命じた。その一方で島津側には中山王の改易を禁じて琉球王国としての存続を命じた。むろん、対明国交回復の仲介者としての役割を琉球に期待していたからである。

琉球侵攻の結果、琉球は一一万三〇〇〇余石の石高が打ち出された。島津氏は琉球王国のうち、奄美大島・喜界島《きかい》・徳之島・沖永良部島《おきのえらぶ》・与論島《よろん》の五島を分離し、蔵入地に組み入れた。これが現在の鹿児島県の行政区画につながっている。

寛永十一年(一六三四)、三代将軍家光のとき、島津氏領国の知行高がはじめて確定した。薩摩・大隅・日向諸県郡《もろかた》で六〇万五〇〇〇石余、「此外《このほか》」琉球国一二万三七〇〇石（奄美諸島を含む）の計七二万八七〇〇余石となった。「此外」という表記は、琉球と奄美諸島が「異国」のまま幕藩制国家に組み入れられたことを意味した。島津氏は関ヶ原合戦の負け組だったが、琉球を「附庸《ふよう》」（＝属国）として従えることになり、他に類を見ない近世大名となったのである。

なお、琉球侵攻は忠恒個人にとっても重要な出来事だった。大島侵攻が日程に上り出した慶長十一年（一六〇六）四月、家康は忠恒に「家」の一字を与えて家久と名乗らせた。島津家の通字「久」と組み合わせたのである。家康が「家」の偏諱《へんき》を授与することは非常に珍しかった。島津氏と忠恒改め家久への厚遇と期待の表れだった。

徳川幕府の家久への厚遇は官位や栄典においても表れた。家康死去の翌年の元和三年（一六一七）七月、家久は公卿《くぎょう》である参議に任ぜられ、左近衛権《さこんえごんの》中将を兼ねた。九月には徳川将軍家の旧姓「松平」名字を与えられ、薩摩守に任ぜられた。「松平」名字の授与は有力国持大名だけの特権だった。慶長十年（一六〇五）、将軍秀忠の女婿である加賀の前田利常が最初に授与され、同十三年（一六〇八）には伊達政宗が授与されており、家久は三番目だった。さらに寛永三年（一六二六）八月、大御所秀忠の命で、家久は従三位権中納言に叙任された。これも前田利常、伊達政宗と三人揃っての叙任だった。この三家が幕藩体制のなかでも、格別の地位を占めるようになったことも明らかである。

以上みてきたように、島津氏は関ヶ原の敗者にもかかわらず、徳川将軍家から格別の厚遇を受けていたことがわかる。それは島津家中でくすぶっていた家督問題解決にも一役買っている。

本論で明らかにしたように、太守義久には男子がなかったため、三人の娘のうち三女亀寿が嫡女《ちゃくじょ》として位置づけられた。それは亀寿の配偶者が義久の後継者の資格を得ることを意味した。

義久は亀寿を「至極の御愛子《ごあいし》」と可愛がり、西軍が上方で挙兵したとき、亀寿が戦乱に巻き込まれるのを心配した国許の義久は義弘に、自分が亀寿の身代わりになって上京するので、亀寿を帰国させてほしいと述べたほどである。それもあって、義弘が西軍に加担せざるをえなかった要因のひとつが、亀寿の安全を確保するためだったのではないか、と本論では述べている。

ところが、亀寿と夫忠恒は不仲で、後世、「琴瑟相和《きんしつあいわ》せず」（夫婦が仲睦まじくないたとえ）と評されたほどである（『島津国史』巻二十四）。そのためか、子どももできなかった。忠恒が家督を確実なものにするには、義久の期待に応えて亀寿との間に男子を誕生させることだったが、それを果たせなかった。かといって、亀寿の実子を期待する義久の手前、側室を迎えることは難しかった。そのため、義久の側近衆からは亀寿の姉新城《しんじょう》（義久二女）の子で垂水家の忠《ただ》仍《なお》（のち信久）を忠恒の養子にして家督を継がせようとする動きもあったほどである。忠仍は義久の外孫だから、甥の忠恒よりも義久との血統が近かった。

こうして義久存命中、忠恒とその父義弘は、亀寿の実子を望む義久の意向を憚って側室も置かずにいたので、次の家督が決まらないだけでなく、忠恒の家督としての地位も不安定だったのである。義弘も以前から家督問題が定まらないのは、島津家にとって「大かけ道（大崖道）」

であると忠恒に忠告していたことがあった（『家久公御養子御願一件』）。そこで、義久の権威や束縛から解放される方策が探られたのである。

義久が死去すると家督問題が急展開をみせる。慶長十七年（一六一二）八月、忠恒改め家久は駿府で家康と会見する。そこで家久は「妻が四十を過ぎて、これまで世継ぎの実子が出生しないので、恐れながらお孫の御国様《おくに》（将軍秀忠の二男国松、のち駿河大納言忠長）を世継ぎにいただけないか」と訴えた。すると、家康は「家久はまだ若いから、子どももできるだろう。もし万一世継ぎを欠くなら、一門から迎えたらよい」と答えて、家久の願いを了承しなかったという（右同書、四―一〇二六）。

じつはこのやりとりはあらかじめ根回しができていた。どうやら義久の最晩年、義弘と家久家老の伊勢貞昌がこの問題を打ち合わせたうえで、家康側近の本多正純に内々に相談していたという（四―九二三）。それにより、家康から家久が側室をもてばよいと示唆する言質《げんち》を引き出す策が練られたようである。

家康と家久の会見は義久の死後だったが、それでも、このような手の込んだ成り行きになったのは、亀寿の嫡女としての地位が高いうえに、亀寿を擁する義久家臣団の勢力が大きくて、家久もそれを無視することができなかったという島津家中の事情による。

その後、家久は家康のお墨付きを得て、一挙に三人の側室を迎えた。一門の島津忠清（薩州家）、家臣の鎌田政重、相良寛栖《かんせい》の娘である。このうち、島津忠清の娘は亀寿の長姉御平《おひら》の孫で、義久の曾孫にあたる。

一方、亀寿はもはや実子を産めないとしても、「龍伯《りょうはく》様御一筋」、すなわち義久の血統が次代藩主に受け継がれることを悲願としていたという（四―一七八一）。家久が三人の娘を側室に迎えた慶長十七年（一六一二）、亀寿は、十三歳になっていた島津忠清の娘を義久の居館のあった国分に呼び寄せて、しばらく留め置いた。やはり姉の孫なら自分が大叔母になるので気になったのだろう。

島津氏重臣肝付家の「桃外院殿《とうがいいんでん》年譜伝」によれば、亀寿は留め置いた忠清娘の人となりをよく観察した。そして「万《よろ》づの挙動玉の気粧《きしょう》」（すべての挙動が玉のように美しい）と感じ入り、彼女が家久の側室になることを承認した（『旧記雑録拾遺　家わけ二』六五二）。彼女はのちに法名から慶安《けいあん》夫人（あるいは心応夫人）と呼ばれ、家久の後室とされている。

その後、忠清娘は元和二年（一六一六）に虎寿丸を産んだ。のちの二代藩主光久である。亀寿は虎寿丸を養子とし、自分の知行のうちから一万石と義久から預かっていた家宝を与えた(四―一七八〇)。

家久も亀寿が虎寿丸を次の家督として認めてくれたことを喜んだ。その喜びを家老の島津久元に知らせているが、そのなかで亀寿に対して敬語を用いているのが興味深い（四―一七八一)。亀寿の地位の高さを示すとともに、義久の権威がその死後もまだ生きていたことをうかがわせる。

このように、島津氏の家督問題においても、家康の権威によって最終的な解決をみたことが明らかである。家久もまた家康の恩義に報いるため協力を惜しまなかった。幕藩体制の重要な政策である参勤交代制の魁《さきがけ》として、自ら妻子を伴って江戸参府を行った。諸大名もそれに倣ったのである。

豊臣政権期から良好な間柄だった家康と島津氏は、関ヶ原合戦で一時的な食い違いと歪みがあったものの、合戦後は対明外交や幕藩体制の安定のために歩み寄り、協力したのである。

新書再刊のあとがき

本書は関ヶ原合戦から四一〇年後の二〇一〇年、学研新書の一冊として刊行されて好評を得たので、二〇一三年に学研M文庫に収録された。しかし、ほどなく同文庫が終了したため、文庫の利点をあまり活かせなかったことを残念に思っていた。

ところが本年（二〇二二）、ワニブックス書籍編集部の川本悟史さんから再刊してはどうかと声をかけていただき、新書再刊という形で刊行いただけることになった。著者として喜ぶとともに、埋もれていた拙著に注目していただいた川本さんに御礼を申し述べたい。

もっとも、再刊するには、その後の新知見などを加えないと読者に対しても申し訳ないので、本論部分で数カ所の大きな増補を加えるとともに、「補論」として島津氏と徳川家康の知られざる関係について新たに書き起こした。関ヶ原合戦では一時、両者は敵対関係になったものの、合戦後、その歪みを修復して本来の良好な関係に戻ったことを明らかにした。そして意外に思われるかもしれないが、その関係を基礎に島津氏は近世大名として再出発し、以後、徳川将軍家に二人の御台所《みだいどころ》（十一代家斉に茂姫、十三代家定に篤姫）を入れて、他大名とは別格の、緊密な協力関係を築いていくのである。

俗に島津家＝薩摩藩は明治維新によって関ケ原の恨みを晴らしたと語られるが、実際の歴史はそのように単純なものではないことを読み取っていただけたら、著者としては本望である。

二〇二二年秋の訪れを感じながら

著者識

【参考史料】

『鹿児島県史料　旧記雑録後編二』　鹿児島県維新史料編さん所編　鹿児島県
『鹿児島県史料　旧記雑録後編三』　鹿児島県維新史料編さん所編　鹿児島県
（「豊久譜」「神戸久五郎咄覚」「大重平六覚書」「義弘譜」「義久譜」「殉国名籔」「山田晏斎覚書」「帖佐彦左衛門宗辰覚書」「神戸五兵衛覚書」「神戸久五郎覚書」「木脇休作働神戸五兵衛覚書」「濃州関ヶ原御陣ニ付東国方軍法御定之事」「黒木左近兵衛申分」「神戸五兵衛覚書木脇休作働之次第」「雑抄」「瀬戸口休五郎覚書」「新納忠元勲功記」「伊地知増也贈于三原九兵衛一巻」「関ヶ原御一戦書抜中馬大蔵丞由来書出之内」「桐野掃部覚書抜書」「長野勘左衛門由来書覚書抜」「神戸五兵衛関ヶ原覚書」「黒木左近平山九郎左衛門覚書」「井上主膳覚書」「樺山紹劔自記」）
『鹿児島県史料　旧記雑録後編五』　鹿児島県維新史料編さん所編　鹿児島県
『鹿児島県史料　旧記雑録拾遺　諸氏系譜一、二』　鹿児島県維新史料編さん所編　鹿児島県
『浅野家文書』大日本古文書　東京大学出版会
「井伊家譜」『寛政重修諸家譜』十二　新訂　続群書類従完成会

【参考史料／参考論著】

「井伊慶長記」『朝野旧聞裒藁』二十一巻　内閣文庫所蔵史籍叢刊　汲古書院
「家久公御養子御願一件」『備忘抄・家久公御養子御願一件』　鹿児島県史料集XV　鹿児島県史料刊行委員会
「惟新公御自記」「惟新公関原御合戦記」　北川鉄三校注『島津氏史料集』　人物往来社
「落穂集」　大道寺友山　参謀本部編『日本戦史 関原役』補伝　村田書店
『義演准后日記』二　史料纂集　続群書類従完成会
「木下家譜」『寛政重修諸家譜』十八　新訂　続群書類従完成会
「旧南林寺由緒墓志」『郷土資料』三　鹿児島市編
「京及江戸御質人交替紀略」『鹿児島県史料　旧記雑録拾遺　伊地知季安著作史料集六』　鹿児島県維新史料編さん所編　鹿児島県
「慶長記」　板坂卜斎著／小野信二校注『家康史料集』　人物往来社
「薩藩旧伝集」『新薩藩叢書』一　歴史図書社
『薩藩士風沿革』　鹿児島県教育会編　日本警察新聞社
『真田家文書』上　米山一政編　長野市

『時慶記』二　時慶記研究会編　臨川書店
『倭文麻環』上　白尾国柱　青史社
「島津家御旧制軍法巻鈔」『新薩藩叢書』三　歴史図書社
『島津家文書』二　大日本古文書家わけ第十六　東京大学出版会
『島津国史』　山本正誼編　原口虎雄解題　鹿児島県地方史学会
『島津氏正統系図』　尚古集成館編　島津家資料刊行会
「称名墓志」『新薩藩叢書』三　歴史図書社
「如水記」『新訂黒田家譜』一　川添昭二・福岡古文書を読む会校訂　文献出版
『新訂　徳川家康文書の研究』中　中村孝也　日本学術振興会
「末川家文書　家譜」『鹿児島県史料　旧記雑録拾遺家わけ十一』　鹿児島県
「西藩野史」『新薩藩叢書』二　歴史図書社
『関原軍記大成』一～四　黒川真道編　国史研究会
「関原始末記」『改訂史籍集覧』二十六　近藤活版所
「関原陣輯録」　三坂圭治校注『毛利家史料集』　人物往来社

【参考史料／参考論著】

「台徳院御実紀」巻十五『新訂増補国史大系　徳川実紀』第一篇　吉川弘文館
『多聞院日記』五　竹内理三編　臨川書店
『言経卿記』十　大日本古記録10　東京大学史料編纂所編　岩波書店
「長政記」『新訂黒田家譜』一　川添昭二・福岡古文書を読む会校訂 文献出版
『日本戦史　関原役』　参謀本部編　村田書店
『日向記』　宮崎県史叢書　宮崎県
『譜牒餘録』上　内閣文庫影印叢刊　国立公文書館
『本藩人物誌』　鹿児島県史料集13　鹿児島県立図書館
『松井文庫所蔵古文書調査報告書二』八代市立博物館未来の森ミュージアム編・発行
『綿考輯録』二（忠興公・上）　汲古書院
『毛利家文書』二・三　大日本古文書家わけ第八　東京大学出版会
「毛利三代実録」『山口県史』史料編・近世1上　山口県編・刊
「立斎旧聞記」『続々群書類従』三・史伝部　続群書類従完成会

【参考論著】

桐野作人『真説関ヶ原合戦』学研M文庫　二〇〇〇年
同右『さつま人国誌』戦国・近世編3　南日本新聞社　二〇一七年
桑波田興「『嶋津家覚書』」月報『旧記雑録』11　鹿児島県歴史資料センター黎明館　一九八九年
小林　弘『小林家史伝』私家版　一九八五年
下村效「天正 文禄 慶長年間の公家成・諸大夫一覧」『栃木史学』7号　一九九三年
田中鉄軒編『薩藩戦史考証』皆兵社　一九一三年
新名一仁「中世「守護代」考」『宮崎県地域史研究』二八号　二〇一三年
西本誠司「島津義弘の本宗家家督相続について」『鹿児島中世史研究会報』四三号　一九八六年
同右「関ヶ原合戦前の島津氏と家康」『戦国史研究』三四号　一九九七年
二木謙一『関ヶ原合戦』中公新書　一九八二年
松尾千歳「鹿児島ニ召置御書物並富隈御書物覚帳」『尚古集成館紀要』三号　一九八九年
三鬼清一郎「朝鮮役における軍役体系」『史学雑誌』75－2　一九六六年

【参考史料／参考論著】

光成準治『関ヶ原前夜――西軍大名たちの戦い』　NHKブックス　二〇〇九年
桃園恵真「一向宗禁制と島津家の継承問題」『鹿大史学』二六号　一九七八年
矢部健太郎「豊臣『武家清華家』の創出」『歴史学研究』七四六号　二〇〇一年
同右「小早川家の『清華成』と豊臣政権」『国史学』一九六号　二〇〇八年
山口啓二『幕藩制成立史の研究』　校倉書房　一九七四年
山本博文『幕藩制の成立と近世の国制』　校倉書房　一九九〇年
同右『島津義弘の賭け』　読売新聞社　一九九七年
米澤英昭「庄内の乱に見る島津家内部における島津義久の立場―慶長期島津家内部における権力関係についての一考察―」『都城地域史研究』七号　宮崎県都城市　二〇〇一年

【補論　参考論著】

上原兼善『島津氏の琉球侵略―もう一つの慶長の役―』　榕樹書林　二〇〇九年
紙屋敦之『幕藩制国家の琉球支配』　校倉書房　一九九〇年
管寧「秀吉の朝鮮侵略と許儀後」『日本史研究』二九八号　一九八七年
桐野作人『さつま人国誌』戦国・近世編　南日本新聞社　二〇一一年
長節子「朝鮮役における明福建軍門の島津氏工作―『錦渓日記』より―」『中世 国境海域の倭と朝鮮』　吉川弘文館　二〇〇二年
新名一仁『「不屈の両殿」島津義久・義弘』　角川新書　二〇二一年
増田勝機『薩摩にいた明国人』　高城書房　一九九九年
光成準治『関ヶ原前夜―西軍大名たちの戦い―』　ＮＨＫブックス　二〇〇九年
山田貴司編著「関ヶ原合戦前後における加藤清正の動向」　同氏著『加藤清正』シリーズ・織豊大名の研究2　戎光祥出版　二〇一四年

中馬大蔵の墓（第七章 242 頁）
島津義弘の「御秘蔵の人」と呼ばれ、多くの逸話を持つ（阿久根市脇本）

新納旅庵（第七章 252 頁）
島津義弘の家老で、退き口で捕虜となり、義弘が西軍の首謀者でないことを訴えた（姶良市願成寺跡）。

関《せき》ヶ原《がはら》 島津《しまづ》退《の》き口《ぐち》

義弘《よしひろ》と家康《いえやす》―知《し》られざる秘史《ひし》

2022年10月25日　初版発行

著者　桐野作人

桐野 作人（きりの さくじん）
1954年鹿児島県生まれ。歴史作家、武蔵野大学政治経済研究所客員研究員。歴史関係の出版社編集長を経て独立。戦国・織豊期や幕末維新期を中心に執筆・講演活動を行う。
主な著書に『織田信長―戦国最強の軍事カリスマ』（KADOKAWA）『本能寺の変の首謀者はだれか』（吉川弘文館）『真説 関ヶ原合戦』（学研M文庫）、『島津義久』（PHP研究所）、『さつま人国誌 戦国・近世編』1．2．3（南日本新聞社）など。

発行者　横内正昭
編集人　内田克弥
発行所　株式会社ワニブックス
〒150-8482
東京都渋谷区恵比寿4-4-9えびす大黒ビル
電話　03-5449-2711（代表）
　　　03-5449-2716（編集部）

装丁　木村慎二郎
校正　大熊真一
編集　川本悟史（ワニブックス）

印刷所　凸版印刷株式会社
DTP　アクアスピリット
製本所　ナショナル製本

定価はカバーに表示してあります。
落丁本・乱丁本は小社管理部宛にお送りください。送料は小社負担にてお取替えいたします。ただし、古書店等で購入したものに関してはお取替えできません。

ISBN 978-4-8470-6681-8
ワニブックスHP　http://www.wani.co.jp/
WANI BOOKOUT　http://www.wanibookout.com/